Die Bundesrepublik Deutschland

von

Prof. Dr. F. Giese

Springer Fachmedien Wiesbaden GmbH

ISBN 978-3-663-12679-9 ISBN 978-3-663-13552-4 (eBook)
DOI 10.1007/978-3-663-13552-4

Auszugsweiser Sonderdruck aus dem Beitrag
„Staatsrecht" von **Prof. Dr. F. Giese**
erschienen in dem Lehr- und Nachschlagewerk
DIE HANDELSHOCHSCHULE — DIE WIRTSCHAFTSHOCHSCHULE

Copyright by Springer Fachmedien Wiesbaden 1952
Ursprünglich erschienen bei **Betriebswirtschaftlicher Verlag Dr. Th. Gabler, Wiesbaden 1952.**

Inhaltsübersicht

1. Kapitel

Die deutsche Frage

2. Kapitel

Die Rechtsgestalt der Bundesrepublik

3. Kapitel

Die Bundesorgane

4. Kapitel

Die Bundesfunktionen

Sechster Abschnitt

Die Bundesrepublik Deutschland

1. Kapitel

Die deutsche Frage[1])

A. Die Auflösung des Reichsverbandes

Man kann darüber streiten, ob die Auflösung des staatsrechtlichen Gefüges des „Alten Reiches“ schon 1648 oder erst 1806 stattgefunden habe. Man kann vollends beim „Neuen Reich“ darüber meinungsverschieden sein, ob ihm durch die Ereignisse im Frühjahr 1945 staatsrechtlich ein Ende bereitet worden sei oder nicht. Die herrschende Lehre nimmt mit beachtenswerter Begründung an, daß das Reich nicht nur völkerrechtlich, sondern auch staatsrechtlich bestehen geblieben sei. Jedenfalls kann darüber kein Zweifel obwalten, daß die Ereignisse um den politischen Zusammenbruch auch die staatsrechtliche Lage grundstürzend verändert haben.

I. Die rechtserheblichen Vorgänge

Der totale Krieg endete für Deutschland mit der totalen Niederlage. Die bedingungslose Kapitulation wurde am 7. Mai 1945 in Reims und am 8. Mai 1945 in Berlin unterzeichnet. Nun hatten allein die verbündeten Siegermächte das Wort und die Verfügungsgewalt. Die westlichen Alliierten hatten schon beim Einrücken in deutsches Gebiet durch ihren gemeinsamen Oberkommandierenden Eisenhower in der Proklamation Nr. 1 dem deutschen Volk bekanntgegeben:

> Die höchste gesetzgebende, rechtsprechende und vollziehende Autorität und Gewalt in dem besetzten Gebiet ist in meiner Person als oberster Befehlshaber der alliierten Streitkräfte und als Militärgouverneur vereinigt. Die Militärregierung ist eingesetzt, um diese Gewalten unter meinem Befehl auszuüben. Alle Personen in dem besetzten Gebiet haben unverzüglich und widerspruchslos alle Befehle und Veröffentlichungen der Militärregierung zu befolgen.

Alle vier Alliierten erließen dann am 5. Juni 1945 die drei grundlegenden Berliner Verlautbarungen, welche u. a. folgende Maßnahmen und Anordnungen trafen:

1. Eine Deklaration der vier alliierten Oberkommandos „in Vollmacht ihrer Regierungen“ konstatiert die bedingungslose Kapitulation, das Fehlen einer deutschen Zentralregierung, die Notwendigkeit einer — späteren

---

[1]) Wichtigste Literatur: R. Stödter, Deutschlands Rechtslage, Hamburg 1948. F. Klein, Neues deutsches Verfassungsrecht, Frankfurt 1949. E. Menzel, Zur völkerrechtl. Lage Deutschlands, in „Politisches Archiv“ II 6, 1947, 1009 ff. W. Lewald, Grundlagen der neuen Rechtsordnung Deutschlands, 1948, 9 ff. Dennewitz-Wernicke im Kommentar zum Bonner Grundgesetz, Hamburg 1950/51, Einleitung.

Entscheidungen in bezug auf Deutschland nicht vorgreifenden — Vorsorge für die Aufrechterhaltung der Ordnung und die Verwaltung des Landes. Sie erklärt anschließend die gemeinschaftliche Übernahme der obersten Gewalt für Deutschland mit Einschluß aller Befugnisse der deutschen Regierung, des Oberkommandos der Wehrmacht und aller staatlichen und kommunalen Regierungen und Behörden. Doch bewirke die Übernahme dieser obersten Gewalt und dieser Befugnisse zu den vorerwähnten Zwecken nicht die Annexion Deutschlands. Die verbündeten Regierungen werden späterhin über die Grenzen Deutschlands und aller seiner Teile und den Status Deutschlands und aller gegenwärtig zu Deutschland gehörenden Gebiete entscheiden.

2. Ein anschließendes „Statement" bestimmt, die oberste Gewalt in Deutschland werde von den vier Oberbefehlshabern nach den Weisungen ihrer Regierungen einzeln in ihren Besatzungszonen und gemeinsam in Angelegenheiten, die Deutschland als Ganzes angehen, ausgeübt; die vier Oberbefehlshaber bilden zusammen den Kontrollrat.

3. Ein weiteres „Statement" legt die vier Besatzungszonen fest. Eine Sonderregelung wird für das Gebiet von Groß-Berlin getroffen.

II. Die staatsrechtliche Würdigung

a) Äußerungen zur Rechtslage

1. Amtliche Äußerungen liegen vor allem aus dem Auslande vor. So wird in England das Deutsche Reich als fortbestehend angesehen. Dies ergibt sich z. B. aus einer Erklärung des britischen Außenministers im Unterhaus, daß die deutsche Regierungsgewalt durch den Alliierten Kontrollrat ausgeübt werde, aus einem entsprechenden Gerichtsurteil der Kings Bench Division und aus einer Vereidigung Hamburger Senatoren 1946 auf Treue zum Deutschen Reich. Die Praxis auch der amerikanischen Besatzungsmacht nimmt den Fortbestand der deutschen Staatlichkeit an. Aus dem neutralen Auslande ist eine Entscheidung des österreichischen Bundesgerichts und eine solche des Züricher Obergerichts zu nennen, welche mit Bezugnahme auf eine amtliche Äußerung der Eidgenöss. Justizverwaltung eine treuhänderische Ausübung der deutschen Staatsgewalt durch die Besatzungsmächte konstruiert. Auch im deutschen Inland ergingen gelegentlich amtliche Verlautbarungen, so aus Bayern. Im Gegensatz zur Auffassung dortiger Minister hat der Oberste Finanzhof rechtsgutachtlich den Fortbestand des Reiches bejaht.

2. Aus der großen Zahl privater Äußerungen zur Rechtsfrage seien nur die besonders markanten und auch staatsrechtlich wesentlichen herausgestellt. Angeregt wurde die Aussprache durch den vormals deutschen Staatsrechtslehrer Kelsen, welcher den deutschen Staat zufolge Debellation, Kapitulation und Regierungsbeseitigung ohne Verbleib restlicher Eigengewalt als untergegangen und alle öffentliche Gewalt in Deutschland als auf die Alliierten übergegangen bezeichnete. Dagegen hat eine Reihe staatsrechtlicher Autoren geltend gemacht, daß die Alliierten zwar erobert, aber nicht annektiert, daß sie also den Staat bestehen gelassen und für ihn im Kontrollrat ein gesamtdeutsches Regierungsorgan ge-

schaffen hätten; dieses Organ handhabe als Treuhänder für Deutschland die gesamtdeutsche Staatsgewalt, welche der zwar noch „rechtsfähige", aber nicht mehr und noch nicht wieder „handlungsfähige" Reichsstaat zurzeit nicht selbst auszuüben vermöge. Diese anfänglich vorherrschende Theorie ist mittlerweile durch beachtenswerte Gegenargumente erschüttert worden. Man vermißt die geschlossene politische Einheit (Lewald), spricht von einem rechtsleeren Raum (Abendroth), von einer staatsrechtlichen „Desintegration" (Becker-Mainz). Hierunter wird im Anschluß an die Staatslehren von Renan und Smend das Fehlen der Grundvoraussetzung staatlichen Seins, nämlich der „Integration" als des Prozesses ständiger Erneuerung durch dauerndes Nacherlebtwerden verstanden.

b) Die staatsrechtliche Entscheidung

Arbeitet man bei der Behandlung des schwierigen Problems nicht mit verschwommenen völkerrechtlichen Denkgebilden, sondern mit klaren und festen Begriffen des allgemeinen Staatsrechts, so wird man trotz der gegenteiligen herrschenden Lehre nicht umhin können, die Fortdauer der Staatlichkeit des Reiches zu verneinen. Gewiß blieben in Deutschland von den Staatselementen noch die natürlichen Grundlagen „Land und Leute" übrig. Es gibt noch ein deutsches Gebiet und ein deutsches Volk. Es gibt ferner noch ein von früher überkommenes deutsches Recht, dessen einheitliche Erhaltung sich sogar manche Länderverfassungen durch Erschwerung der landesgesetzlichen Abänderung angelegen sein ließen. Es gibt endlich noch deutsche Staatsgewalt; doch ist dieses dritte, entschieden wichtigste Element eines Staates vorläufig nur bezirklich in den Ländern, ferner westzonal in der Bundesrepublik Deutschland und ostzonal in der Deutschen Demokratischen Republik, aber noch nicht wieder einheitlich für das ganze deutsche Gebiet und Volk organisiert. Die Vorstellungen von ruhender Staatsgewalt des Reiches oder fremdstaatlicher Treuhandschaft für das Reich sind weltfremde Konstruktionen, ja wirklichkeitsferne Fiktionen (Unterstellungen), die vielleicht politisch gut gemeint, aber juristisch unhaltbar sind.

Daraus ergeben sich theoretisch wichtige und auch praktisch bedeutsame Folgerungen. So vor allem, daß die Zuständigkeit zur Ausübung öffentlicher Gewalt, soweit sich nicht die Besatzungsmächte solche noch vorbehalten haben, sowie die Haftung für frühere Verbindlichkeiten, da keine Reichsorgane mehr existieren, nach den Grundsätzen der „Staatennachfolge" auf die Länder und die Landesorgane, dann auf den Bund und die Bundesorgane übergegangen ist. Eine nähere landes- und bundesgesetzliche Regelung ist nützlich, aber nicht notwendig; daß sie vielfach erfolgte, ist um der Rechtssicherheit willen zu begrüßen.

B. Vorläufer neuer Gesamtstaatlichkeit

Die Einrichtung von innerzonalen und weiterhin zwischenzonalen öffentlich-rechtlichen Zweckverbänden neuer, höherer Art führte zunächst zu Gebilden nicht des Verfassungs-, sondern des Verwaltungsrechts, zeitigte aber gleichwohl schon einige auch staatsrechtlich bemerkenswerte Besonderheiten.

I. Innerzonale Einrichtungen

Im Unterschied von den beiden anderen Besatzungszonen wurde in der sowjetischen und in der britischen Zone die Verwaltungsorganisation von Anfang an stark zentralisiert.

1. Für die Sowjetzone wurde schon im Sommer 1945 von der Besatzungsmacht eine Reihe „Deutscher Zentralverwaltungen für die sowjetische Besatzungszone" ins Leben gerufen. Neben bzw. über diesen Dienststellen wurde 1947 die „Wirtschaftskommission für die sowjetische Besatzungszone" zur Koordinierung der planwirtschaftlichen Maßnahmen der einzelnen Zentralverwaltungen und der Länder geschaffen. Hierzu ist staatsrechtlich nur negativ festzustellen, daß alle diese Verwaltungsstellen ihre öffentliche Gewalt, die auch Rechtsverordnungsrecht und Vollzugsgewalt umfaßt, von der Sowjetischen Militär-Administration ableiteten, daher noch nicht als Organe eines zonalen deutschen Verwaltungskörpers angesprochen werden konnten.

2. In der britischen Zone wurde der vorgefundene reichsdeutsche Verwaltungsapparat übernommen, aber zoneneinheitlichen Zentralstellen nachgeordnet. So entstanden der Zonenbeirat zur Beratung der britischen Kontrollkommission ohne eigene rechtsetzende, vollziehende oder kontrollierende Befugnisse, ferner die Zonenzentralämter für Justiz, Finanzen („Leitstelle"), Arbeit, Versicherung, Verwaltung usw., endlich die sog. Länderkonferenzen. Auch hier handelte es sich nur um britische Hilfsstellen, nicht um Organe der „Zone" als eines selbständigen Verbandes.

3. Vollends konnte in der französischen Zone, die eine Reihe besatzungseigener, nur wenige deutsche Gesamtverwaltungen (z. B. Post, Bahn) aufwies, auch bei letzteren von zonalstaatlichem Charakter keine Rede sein.

4. Eher hätte vielleicht der Länderrat in der amerikanischen Zone als zonales Organ aufgefaßt werden können. Er bestand seit Herbst 1945 als periodische Versammlung der Ministerpräsidenten der drei, später vier zugehörigen Länder. Dem Länderrat wurde 1947 ein Parlamentarischer Rat, aber nur mit beratender Zuständigkeit, beigegeben, in den die Landtage der vier Länder aus ihrer Mitte Delegierte entsandten. Aber auch diese Einrichtungen nebst ihren nachgeordneten Verwaltungsstellen bildeten keine eigenen Zonenorgane, sondern bloß gemeinschaftliche Organe der zonenzugehörigen Länder zwecks Koordinierung ihrer Gesetzgebung und ihrer wichtigsten politischen Maßnahmen.

II. Zwischenzonale Einrichtungen

Solche entstanden für die britisch-amerikanische Doppelzone in zwei Entwicklungsstufen 1947 und 1948. Das Ergebnis war „Die Verwaltung des Vereinigten Wirtschaftsgebietes".

a) Die Wirtschaftsorganisation der Doppelzone

Diese bestand aus dem Wirtschaftsrat, dem Länderrat, dem Verwaltungsrat und weiteren Verwaltungsstellen in und um Frankfurt.

1. Den Wirtschaftsrat bildeten von den Landtagen der Zonenländer gewählte Mitglieder. Der WR. übte die gesetzgebende Gewalt in einem zunächst genau umgrenzten, aber aufsichtlich erweiterbaren und schließlich recht weiten Rahmen legislativer Kompetenz aus; er regelte das Finanzwesen und berief die Mitglieder des Verwaltungsrates (zu 3).

2. Der Länderrat bestand aus je zwei Vertretern der zugehörigen Länder; sie wurden von jeder Landesregierung für die Dauer ihrer eigenen Amtszeit bestellt. Er konnte dem WR. Gesetzesvorlagen machen und gegen die vom WR. beschlossenen Gesetze Einspruch erheben; diesen Einspruch konnte aber der WR. bei der erneuten Abstimmung mit absoluter Mehrheit überwinden.

3. Der Verwaltungsrat setzte sich zusammen aus einem leitenden und koordinierenden Oberdirektor (ohne besonderen Geschäftsbereich) und den Direktoren der sechs „Verwaltungen". Alle Mitglieder wurden vom WR. gewählt (der Oberdirektor mit Bestätigung durch den Länderrat) und bedurften aufsichtlicher Genehmigung. Der Verwaltungsrat und seine Mitglieder führten die bizonale Verwaltung, konnten aber auch Gesetzesvorlagen beim WR. und beim Länderrat einbringen.

4. Die Oberaufsicht der Besatzungsmächte übte der Bipartite Board aus. Er hatte namentlich den Gesetzen zuzustimmen und die Berufung und Entlassung der Mitglieder des Verwaltungsrats zu genehmigen. Ein deutsches Obergericht für das VW. mit dem Sitz in Köln wurde von den beiden Militärregierungen selbst ins Leben gerufen.

5. Die „Verwaltung des Vereinigten Wirtschaftsgebietes" war rechtsfähig. Sie verfügte über eigene Amtsstellen und Amtsträger. Ihre Behörden waren vor allem die sechs „Verwaltungen". Weiterhin wurde eine Schuldenverwaltung und ein Rechnungshof geschaffen. Im übrigen bediente sich die Verwaltung des VW. zur Erfüllung ihrer Aufgaben der Verwaltungsbehörden der Länder. Die eigenen Amtsträger der Verwaltung des VW. wurden als „Verwaltungsangehörige" bezeichnet; ihre Rechtsverhältnisse waren beamtenähnlich geregelt.

b) Staatsrechtliche Stellung

Daß die Organisation der Doppelzone staatsrechtliche Züge aufwies, ließ sich nicht verkennen. Dahin gehörte das Gesetzgebungsrecht und die Vollzugsgewalt gegenüber den Ländern. Gleichwohl konnte der Doppelzone keine eigene Staatlichkeit zuerkannt werden. Die in ihr einheitlich ausgeübte „öffentliche Gewalt" war nicht Eigengewalt, sondern Fremdgewalt, nämlich Staatsgewalt der beiden Besatzungsmächte.

C. Der westdeutsche Bundesstaat

I. Fremdstaatliche Initiative

Nach der tatsächlichen und rechtlichen Lage in Deutschland konnte die Anregung zu einem staatsrechtlichen Zusammenschluß der deutschen Länder nur von den Besatzungsmächten ausgehen. Mangels Einverständnisses zwischen allen vier Mächten gaben die Westmächte für die drei Westzonen dazu im Sommer 1948 alsbald nach der Geldreform den Anstoß. Ihre am 1. Juli 1948 von den alliierten Militärbefehlshabern überreichte Verlautbarung („Dokument I") stellte grundlegende Richtlinien für eine westdeutsche Bundesverfassung auf und verband damit die Ermächtigung, deutscherseits das zur Verfassunggebung Erforderliche zu veranlassen.

Die Richtlinien der Militärgouverneure bezogen sich auf die Einberufung einer Verfassunggebenden Versammlung, das Zustandekommen der Bundesverfassung und den Inhalt dieser Verfassung. Die Richtlinien über den Inhalt der Verfassung forderten „eine demokratische Verfassung, die für die beteiligten Länder eine Regierungsform des föderalistischen Typs schafft, die am besten geeignet ist, die gegenwärtig zerrissene deutsche Einheit schließlich wieder herzustellen, und die Rechte der beteiligten Länder schützt, eine angemessene Zentralinstanz schafft und Garantien der individuellen Rechte und Freiheiten enthält."

Die Richtlinien über das Zustandekommen der Verfassung lauteten dahin: „Wenn die Verfassung in der von der Verfassunggebenden Versammlung ausgearbeiteten Form mit diesen allgemeinen Grundsätzen nicht in Widerspruch steht, werden die Militärgouverneure ihre Vorlage zur Ratifizierung genehmigen. Die Verfassunggebende Versammlung wird daraufhin aufgelöst. Die Ratifizierung in jedem beteiligten Land erfolgt durch ein Referendum, das eine einfache Mehrheit der Abstimmenden in jedem Land erfordert, nach von jedem Land jeweils anzunehmenden Regeln und Verfahren. Sobald die Verfassung von zwei Dritteln der Länder ratifiziert ist, tritt sie in Kraft und ist für alle Länder bindend. Jede Abänderung der Verfassung muß künftig von einer gleichen Mehrheit der Länder ratifiziert werden. Innerhalb von 30 Tagen nach dem Inkrafttreten der Verfassung sollen die darin vorgesehenen Einrichtungen geschaffen sein."

Trotz dieser Richtlinien und dieses Genehmigungsvorbehalts lag das staatsrechtliche Werk der Errichtung eines westdeutschen Gesamtstaates und seiner Ausstattung mit einer Verfassungsurkunde in deutscher Hand.

Die gemäß dem Dokument I autorisierten, d. h. beauftragten und ermächtigten Ministerpräsidenten der elf westzonalen deutschen Länder beschlossen in der Konferenz zu Frankfurt am 25. Juli 1948 zunächst die Einsetzung eines Ausschusses von Verfassungssachverständigen; deren Tätigkeit sollte eine Grundlage für die weitere Arbeit und den Ersatz für eine fehlende Regierungsvorlage schaffen

II. Das Gutachten des Verfassungskonvents

Der aus Bevollmächtigten der elf Länder gebildete Verfassungsausschuß wählte, einer Einladung der bayerischen Staatsregierung folgend, das Alte Schloß auf der Herreninsel im Chiemsee als Tagungsort. Einem allgemeinen Wunsch entsprechend nahm auch ein Bevollmächtigter des Magistrats von Berlin an den Beratungen teil. Das Ergebnis der ebenso gründlich wie beschleunigt durchgeführten Arbeit des als Verfassungskonvent bezeichneten Sachverständigenausschusses war eine das Arbeitsresultat zusammenfassende Denkschrift. Dieser Tätigkeitsbericht gliederte sich dem Arbeitsergebnis gemäß in einen darstellenden, einen artikulierten und einen kommentierenden Teil. Der artikulierte Teil gibt in ausgearbeiteter Form den Entwurf eines Grundgesetzes, der dem Konvent bis auf die wenigen kenntlich gemachten Lücken vollständig erschien, wieder.

Dieser Grundgesetz-Entwurf von Herrenchiemsee wurde den Ministerpräsidenten zur Verwendung als Grundlage für die nunmehr zu beginnende Arbeit des „Parlamentarischen Rates" überreicht.

III. Der Parlamentarische Rat

Dieser Parlamentarische Rat hatte seinen Auftrag und seine Vollmacht unmittelbar von deutschen Stellen, nämlich von den zwar fremdstaatlich autorisierten, aber eigenstaatlich amtierenden deutschen Ministerpräsidenten empfangen. Der Parlamentarische Rat, dessen Bildung mittels Verhältniswahl durch die Landtage aus deren Mitte seitens der Ministerpräsidenten veranlaßt wurde, war ein parlamentsähnliches Staatenorgan mit ratsamer Zuständigkeit. Seine Mitglieder bildeten in ihrer Gesamtheit ein parlamentarisches Gemeinschaftsorgan der beteiligten Länder, also eine demokratisch-föderative zwischenstaatliche Einrichtung, noch keineswegs ein Organ des künftigen Bundesstaates. Auch die „Rats"-Bezeichnung war treffend. Er entbehrte der beschließenden Kompetenz, war weder befugt, die bundesstaatliche Verfassung in Kraft zu setzen, noch befugt, den nach diesem Grundgesetz verfaßten Bundesstaat ins Leben treten zu lassen. Seine Zuständigkeit beschränkte sich darauf, unter Verwertung des Grundgesetzentwurfs des Verfassungskonvents seinerseits einen Verfassungsentwurf auszuarbeiten, dessen Inkrafttreten noch durch die Unbedenklichkeitserklärung der drei fremdstaatlichen Regierungen und durch die Zustimmung einer qualifizierten Mehrheit der beteiligten, dabei durch ihre Landtage vertretenen deutschen Länder bedingt war.

Der Parlamentarische Rat trat am 1. September 1948 in Bonn zusammen. Eine Bindung bestand für ihn gegenüber den Richtlinien des „Dokuments I". Dies führte gelegentlich zu Schwierigkeiten und schließlich zu einem richtungweisenden Eingreifen der Militärgouverneure in Gestalt des Frankfurter Memorandums vom 2. März 1949. Keine Bindung bestand dagegen für den Parlamentarischen Rat gegenüber privaten Verfassungsvorschlägen, wie z. B. den Grundsätzen des „Ellwanger Kreises", oder gegenüber dem Verfassungsentwurf des „Deutschen Volksrates" in Berlin. Die langwierigen, gründlichen und erfolgreichen Arbeiten des Parlamentarischen Rates endeten mit der Verabschiedung eines Grundgesetz-Entwurfes in der Schlußabstimmung vom 8. Mai 1949 mit 53 gegen 12 Stimmen.

IV. Der Abschluß der Bundesstaatsgründung

Der Grundgesetz-Entwurf konnte nunmehr, da die Militärgouverneure mangels wesentlichen Widerspruchs mit ihren Richtlinien die Vorlage zur Ratifizierung genehmigten, den Landtagen der beteiligten Länder zur Beschlußfassung unterbreitet werden. Der Entwurf bedurfte nach der Richtlinie im Dokument I und nach Art. 144 seines eigenen Wortlauts der Annahme durch die Volksvertretungen in zwei Dritteln der (zunächst) beteiligten elf Länder. In zehn Ländern — nicht in Bayern, das jedoch seine

Pflicht zum Bundesbeitritt ausdrücklich anerkannte und auch vorbehaltlos erfüllte — beschlossen die Landtage die Annahme des Grundgesetzes. Daraufhin konnte der Parlamentarische Rat gemäß Art. 145 des Grundgesetzes den Schlußakt vollziehen. Er stellte in der öffentlichen Sitzung vom 23. Mai 1949 unter Mitwirkung der Abgeordneten Groß-Berlins die Annahme des Grundgesetzes fest, fertigte es aus und verkündete es in Nr. 1 des Bundesgesetzblattes. Sodann wurde der Parlamentarische Rat gemäß dem Dokument I Abs. 3 aufgelöst.

Das „Grundgesetz für die Bundesrepublik Deutschland" soll nach Art. 145 mit dem Ablauf des Tages der Verkündung, also am 23. Mai 1949 um 24 Uhr in Kraft getreten sein. Dies bedarf staatsrechtlicher Klärung. Die Frage, ob das Inkrafttreten einer Verfassung vor dem Inslebentreten des Staates möglich sei, ist zu verneinen. Positives Recht eines Staates kann vielleicht diesen Staat überleben, nicht aber seiner Entstehung vorausgehen. Es verblieb also nur der Ausweg, den Inhalt des neuen Grundgesetzes vorerst als übereinstimmendes (unabänderliches) Landesrecht anzusprechen. Unbedenklich wurde füglich das Grundgesetz in allen beteiligten Ländern alsbald gehandhabt, soweit es nicht das Bestehen der Bundesorgane voraussetzte. Deren Bildung und Wirken war aber Voraussetzung für die staatsrechtliche Existenz des neuen westdeutschen Gesamtstaates. Hierfür bildete den maßgebenden Stichtag der 14. August 1949, weil an diesem Tage erstmalig das höchste Bundesorgan „Bundesvolk" durch die Wahl des Bundestags handelnd auftrat. Anschließend begannen die übrigen Bundesorgane im Namen des Bundesvolkes und der Bundesländer Bundesgewalt auszuüben. Dies waren neben dem am 7. September 1949 zusammengetretenen Bundestage der am gleichen Tage begründete Bundesrat, der von der Bundesversammlung am 12. September 1949 gewählte Bundespräsident sowie der vom Bundestag am 15. September 1949 berufene Bundeskanzler. Damit war die neue Bundesrepublik endgültig ins Leben getreten.

Die Entstehung der sowjetzonalen „Deutschen Demokratischen Republik" wird unten im 7. Abschnitt zu A dargestellt werden. Solange diese Duplizität zwischen der westzonalen Bundesstaatlichkeit und der ostzonalen Staatlichkeit fortdauert, steht die Lösung der deutschen Frage noch aus.

2. Kapitel

Die Rechtsgestalt der Bundesrepublik

A. Staatlichkeit und Souveränität

I. Der Staatscharakter

Die Verfassung der Bundesrepublik Deutschland läßt alle Merkmale eines Staates erkennen. Der Bund verfügt über ein Staatsgebiet, ein Staatsvolk und eine Staatsgewalt.

a) Das Bundesgebiet ist ein echtes Staatsgebiet, nämlich der räumliche Bereich, innerhalb dessen die Bundesgewalt sich auswirkt. Geographisch deckt sich dieser Bereich mit den Gebieten der elf zugehörigen Bundesländer. Das sind, alphabetisch geordnet, Baden, Bayern, Bremen, Hamburg, Hessen, Niedersachsen, Nordrhein-Westfalen, Rheinland-Pfalz nebst Saarland, Schleswig-Holstein, Württemberg-Baden, Württemberg-Hohenzollern. Darüber hinaus sollte das GG. gemäß Art. 23 Rechtsgeltung auch schon im nicht bundeszugehörigen Lande Groß-Berlin besitzen, doch haben die Besatzungsmächte die Genehmigung hierzu versagt; in weiteren Teilen Deutschlands ist seine Rechtsgeltung nach deren Beitritt zum Bunde zu begründen. Staatsrechtlich steht der räumliche Wirkungsbereich der kompetenzmäßig bestimmten und begrenzten Bundesgewalt neben jedem rechtlich ebenso beschränkt zu begreifenden Landesgebiet. Dies bedeutet, daß das Bundesgebiet wesensmäßig nicht die Summe der Ländergebiete, sondern eine selbständige staatsrechtliche Einheit neben allen Ländergebieten darstellt.

b) Das B u n d e s v o l k ist ein echtes Staatsvolk. Zwar gehört zu ihm nicht jeder deutsche Volkszugehörige und nicht einmal jeder deutsche Staatsangehörige. Auch das sowjetzonale Deutschtum sowie das restliche Deutschtum östlich der Oder-Neiße-Linie ist wesentlicher Bestandteil des gesamten, ethnographisch einheitlichen, nur staatsrechtlich noch nicht wieder geeinten Deutschtums. Doch hat das deutsche Volk der westzonalen Länder, als es für diese das GG. der Bundesrepublik Deutschland beschloß, dabei laut der Präambel „auch für jene Deutschen gehandelt, denen mitzuwirken versagt war". Aber „das ganze deutsche Volk bleibt aufgefordert, in freier Selbstbestimmung die Einheit und Freiheit Deutschlands zu vollenden". Bis dahin gilt vorbehaltlich anderweitiger gesetzlicher Regelung als Deutscher i. S. des GG., „wer die deutsche Staatsangehörigkeit besitzt oder als Flüchtling oder Vertriebener deutscher Volkszugehörigkeit oder als dessen Ehegatte oder Abkömmling in dem Gebiete des Deutschen Reiches nach dem Stande vom 31. Dezember 1937 Aufnahme gefunden hat" (Art. 116 I). Von diesem Deutschen Volk unterscheidet sich das „Bundesvolk" nur organisatorisch als der Inbegriff derjenigen Deutschen, welche kraft besonderer organschaftlicher Pflichten und Rechte in einem engeren staatsrechtlichen Verhältnis zur Bundesgewalt der Bundesrepublik stehen.

c) Die B u n d e s g e w a l t ist heute bereits echte Staatsgewalt. Solche ist durch das Merkmal der Eigenständigkeit gekennzeichnet. Letztere wird nicht dadurch beeinträchtigt, daß fremde Mächte bei der Entstehung der Bundesrepublik mitgewirkt haben. Diese Mitwirkung trug lediglich vorbereitenden, nicht konstitutiven Charakter. Gleiches gilt für die Mitwirkung der westzonalen Länder durch Beschickung des Parlamentarischen Rates und durch Annahme des Grundgesetzentwurfes in ihren Landtagen, ausgenommen in Bayern. Juristisch kann, wie jede Wirksamkeit, so auch schon die Bildung eines Staates nur aus dem willentlichen Tätigwerden eigener Staatsorgane erkannt werden. Hierauf beruht auch die staatliche Existenz der Bundesrepublik. Deshalb ist ihre Bundesgewalt nicht fremdstaatlich abgeleitet, sondern selbststaatlich-originär. Daß die westlichen Besatzungsmächte der Bundesverfassung (dem GG.) zugestimmt haben und vorerst auch noch jeder Änderung zustimmen müssen, beraubt die Bundesgewalt lediglich des einer vollkommenen Staatsgewalt eignenden Merkmals der „Souveränität".

II. Die Souveränität

a) Völkerrechtliche Souveränität?

Im Verhältnis zu fremden Staaten, insbesondere zu den Besatzungsmächten, fehlt der Bundesgewalt die Souveränität, soweit ihre völkerrechtlichen Bindungen auf fremdstaatlichem Willen beruhen.

1. Mit dem souveränen Selbstbestimmungsrecht vereinbar ist die willentliche Bindung der Bundesgewalt gemäß Art. 24, 25 des GG. Nach Art. 24 kann der Bund durch einfaches Gesetz Hoheitsrechte, die er besitzt, auf zwischenstaatliche Einrichtungen übertragen, mag auch das GG. dabei berührt werden. Ferner kann der Bund sich zur Wahrung des Friedens einem System gegenseitiger kollektiver Sicherheit einordnen; er wird hierbei in die Beschränkung seiner Hoheitsrechte einwilligen, die eine friedliche und dauerhafte Ordnung in Europa und zwischen den Völkern der Welt herbeiführen und sichern. Ebenso wird der Bund zur Regelung zwischenstaatlicher Streitigkeiten Vereinbarungen über eine allgemeine, umfassende, obligatorische internationale Schiedsgerichtsbarkeit beitreten. Nach Art. 25 sind die allgemeinen Regeln des Völkerrechtes Bestandteil des Bundesrechtes; sie gehen den deutschen Gesetzen vor und erzeugen Rechte und Pflichten unmittelbar für die Bewohner des Bundesgebietes.

2. Mit dem souveränen Selbstbestimmungsrecht unvereinbar ist die willenlose Bindung der Bundesgewalt an die Vorschriften des ihr auferlegten Besatzungsstatuts sowie des Ruhrstatuts. Die wichtigsten Beschränkungen des Besatzungsstatuts sind: Vorbehaltsmaterien, (z. B. Abrüstung, Ruhrkontrolle, Dekartellierung, Entflechtung, Devisenwirtschaft, Auswärtige Angelegenheiten), Verfassungskontrolle, Demokratieschutz, Genehmigung von Änderungen des GG., Beanstandung von Landesverfassungen und deren Änderungen sowie von anderen Gesetzen und Abkommen, endlich Aufrechterhaltung des Besatzungsrechts. Erst der Ersatz des einseitigen Besatzungsstatuts durch zweiseitige Abkommen würde die Grundlage für das Wiederaufleben der Souveränität schaffen.

b) Staatsrechtliche Souveränität?

Eine Art von innerstaatlicher Souveränität ergibt sich aus der bundesstaatlichen Überordnung der Bundesgewalt über jede Landesgewalt. Trotz aktiver Mitträgerschaft der Bundesgewalt sind die Länder dem Bund untergeordnet und ist der Bund jedem Land übergeordnet. Man könnte diese Überordnung, wie sie jeden Bundesstaat kennzeichnet und auch im Bund-Länder-Verhältnis der Bundesrepublik besteht, nach älterem Sprachgebrauch als staatsrechtliche Souveränität bezeichnen, um damit die entsprechende Nichtsouveränität der Länder zum Ausdruck zu bringen.

B. Die bundesstaatliche Struktur

Der Bund ist ein Staat und auch die Länder sind Staaten. Beide weisen die wesentlichen Staatsmerkmale auf. Beide sind mit einer hinreichenden Menge staatlicher Aufgaben und Befugnisse ausgestattet. Beide sind durch staatsrechtliche Beziehungen miteinander verbunden.

I. Die Verteilung der Staatsaufgaben

a) Grundsätzlich

In einem echten (föderativen) Bundesstaat spricht die Vermutung für die Zuständigkeit der Gliedstaaten. So auch in der Bundesrepublik; die Erfüllung der staatlichen Aufgaben und die Ausübung der staatlichen Befugnisse ist nach Art. 30 Sache der Länder, soweit das GG. keine andere Regelung (d. h. zugunsten des Bundes) trifft oder zuläßt.

b) Im einzelnen

1. Rechtssetzung.

Die Länder haben gemäß Art. 70 das Recht der Gesetzgebung, soweit das GG. nicht dem Bunde Gesetzgebungsbefugnisse verleiht. Die Abgrenzung der Zuständigkeit zwischen Bund und Ländern bemißt sich nach den Vorschriften des GG. über die ausschließliche und die konkurrierende Gesetzgebung. Dabei gilt der alte Grundsatz „Bundesrecht bricht Landesrecht“, d. h. der Vorrang des Bundesrechts jeder Art und Form als der lex superior vor dem Landesrecht jeder Art und Form als der lex inferior.

Im Bereich der ausschließlichen Gesetzgebung des Bundes sind die Länder nur regelungsbefugt, wenn und soweit sie hierzu bundesgesetzlich ausdrücklich ermächtigt wurden. Zu diesem Bereich der ausschließlichen Bundeskompetenz gehören außer dem materiellen Bundesverfassungsrecht die 11 Gegenstände des Art. 73 (z. B. auswärtige Angelegenheiten), Zölle und Finanzmonopole (Art. 105) sowie Finanzgerichtsbarkeit (Art. 108).

Im Bereich der konkurrierenden Gesetzgebung sind die Länder regelungsbefugt, solange und soweit der Bund von seiner Kompetenz keinen Gebrauch macht. Doch steht dem Bund die Ausübung dieser Kompetenz gemäß Art. 72 nur zu, soweit ein Bedürfnis nach bundesgesetzlicher Regelung besteht, weil

1) eine Angelegenheit durch die Gesetzgebung einzelner Länder nicht wirksam geregelt werden kann oder
2) die Regelung einer Angelegenheit durch ein Landesgesetz die Interessen anderer Länder oder der Gesamtheit beeinträchtigen könnte oder
3) die Wahrung der Rechts- oder Wirtschaftseinheit, insbesondere die Wahrung der Einheitlichkeit der Lebensverhältnisse über das Gebiet eines Landes hinaus sie erfordert.

Zum konkurrierenden Gesetzgebungsbereich gehören die 23 Gegenstände des Art. 74 (z. B. Bürgerliches und Strafrecht). Unter den Voraussetzungen des Art. 72 (s. o.) kann der Bund ferner sogenannte Rahmenvorschriften erlassen über die 5 Gegenstände des Art. 75 (z. B. Rechtsverhältnisse der Beamten und Behördenangestellten).

2. Vollziehung.

Regelmäßig führen die Länder nicht nur die Landesgesetze, sondern nach Art. 83 auch die Bundesgesetze als eigene Angelegenheit aus. Ausnahmen bedürfen bei Bundesgesetzen grundgesetzlicher Bestimmung oder Zulassung. Im Regelfalle regeln die Länder dann auch die Behördeneinrichtung und das Verwaltungsverfahren, doch können mit Zustimmung des Bundesrats erlassene Bundesgesetze Abweichendes bestimmen. Gleiches gilt auch dann, wenn die Länder die Bundesgesetze im Auftrag des Bundes ausführen; doch kann hierzu die Bundesregierung mit Zustimmung des Bundesrats allgemeine Verwaltungsvorschriften erlassen (Art. 85). Die Gegenstände der bundeseigenen Verwaltung sind grundgesetzlich aufgezählt und bundesgesetzlich erweiterbar (Art. 87); diese Verwaltung kann der Bund außer durch bundeseigene Dienststellen auch durch bundesunmittelbare öffentliche Körperschaften oder Anstalten führen (Art. 86).

3. Rechtspflege.

Die den Richtern anvertraute rechtsprechende Gewalt wird nach Art. 92 durch das Bundesverfassungsgericht, das Oberste Bundesgericht (Ersatz Reichsgericht), obere Bundesgerichte (für ordentliche, Verwaltungs-, Finanz-, Arbeits- und Sozial-Gerichtsbarkeit), im übrigen nur durch Landesgerichte (für Zivil-, Straf-, Arbeits- und Verwaltungssachen) ausgeübt. Auch hier spricht für die Länder die Zuständigkeitsvermutung.

II. Die Passivstellung der Länder im Bund

Die Länder als Unterstaaten sind dem Bund als dem Oberstaat zu Treue, Gehorsam und Leistungen verpflichtet. Sie haben vor allem das Grundgesetz und die Bundesgesetze zu beachten und zu befolgen. Die Erfüllung dieser staatsrechtlichen Verpflichtungen wird vom Bunde mittels Bundesaufsicht überwacht und notfalls mittels Bundesvollzug durchgesetzt.

a) Bundesaufsicht

Früher wurde nach Triepel zwischen „abhängiger“ (durch Gesetz bedingter) und „selbständiger“ (absoluter) Reichsaufsicht unterschieden. Das GG. kennt nur noch abhängige Bundesaufsicht (Art. 84, 85). Ihren Gegenstand bildet die richtige Ausführung der Bundesgesetze. Ihr Maßstab ist die Beachtung des geschriebenen und ungeschriebenen Rechts durch die Landesregierungen und deren nachgeordnete Dienststellen. Zur Nachprüfung dessen kann die Bundesregierung Kommissare zu den obersten Landesbehörden, mit deren Zustimmung oder (mangels solcher) mit Zustimmung des Bundesrats auch zu den nachgeordneten Dienststellen entsenden. Werden Mängel gerügt und nicht beseitigt, so stellt der Bundesrat durch Beschluß fest, ob das Land eine Rechtsverletzung begangen hat. Im Streitfalle entscheidet das Bundesverfassungsgericht. Eine weitergehende Bundesaufsicht steht der Bundesregierung im Rahmen der Auftragsverwaltung der Länder gemäß Art. 85 zu.

b) Bundeszwang

Erfüllt ein Land die ihm grundgesetzlich oder bundesgesetzlich obliegenden Bundespflichten nicht, indem seine Regierung ein pflichtwidriges Tun, Dulden oder Unterlassen begeht, so kann nach Art. 37 die Bundesregierung mit Zustimmung des Bundesrats die notwendigen Maßnahmen treffen, um das Land zur Erfüllung der Pflicht anzuhalten. Zur Durchführung eines solchen Bundeszwanges steht der Bundesregierung oder dem von ihr entsandten Kommissar ein Weisungsrecht gegenüber der Landesregierung und den nachgeordneten Landesbehörden zu. Weiterhin kommen als Maßnahmen politischer und wirtschaftlicher Druck, legislative oder administrative Ersatzvornahme, Einbehaltung von Leistungen und Überweisungen, treuhänderische Regierung und Verwaltung in Betracht. Streitpunkte können dem Bundesverfassungsgericht zur Entscheidung unterbreitet werden.

III. Die Aktivstellung der Länder im Bund

Die Länder als Gliedstaaten haben gegenüber dem Bund als dem Gesamtstaat Mitgliedschaftsrechte negativer, positiver und aktiver Natur. Darüber hinaus muß ihnen eine konstituierende Funktion im bundesstaatlichen Bau der Bundesrepublik zuerkannt werden.

a) Mitgliedschaftsrechte

1. Negativ haben die Länder gegenüber dem Bund einen grundrechtsähnlichen Anspruch auf Respektierung ihrer staatlichen Rechtsstellung, insbesondere auf Anerkennung und Erhaltung ihrer Staatlichkeit, ihres einzelstaatlichen Selbstbestimmungsrechts in Landessachen, ihres gliedstaatlichen Mitbestimmungsrechts in Bundessachen.
2. Positiv steht den Ländern der Anspruch auf Gewährung der ihnen grundgesetzlich oder sonst bundesgesetzlich, möglicherweise auch vertraglich zugestandenen Leistungen des Bundes zu. Hervorhebung verdienen z. B. die finanziellen Ansprüche der Länder gegen den Bund auf Überweisung von Aufkommen aus Steuergesetzen des Bundes (Art. 105, 106), ferner ihre immateriellen Ansprüche gegen den Bund auf Wahrung der besonderen Landesinteressen bei Regelungen und Maßnahmen, die zu treffen der Bund zuständig ist. Vgl. z. B. Art 89 III.
3. Aktiv haben die Länder das Recht auf Ausübung der ihnen verfassungsmäßig zustehenden staatsrechtlichen Funktionen im Bundesstaat, so einerseits organisch durch den Bundesrat und ihre Beteiligung im Bundestag, bei der Bundesversammlung und zur Vertretung des Bundespräsidenten, anderseits funktionell durch die zahlreichen und bedeutsamen Zuständigkeiten des Bundesrats.

b) Mitträger der Bundesgewalt

Das Kaiserreich ruhte als föderativer Bundesstaat auf den im Bundesrat repräsentierten verbündeten Regierungen der Gliedstaaten. Die Reichsrepublik dagegen war ein unitarischer Bundesstaat, weil sie sich auf das einheitliche, vom Reichstag zuhöchst repräsentierte Reichsvolk gründete. Heute kommt die staatsrechtliche Stellung des Bundesrats derjenigen des Bundestages zwar nicht ganz, aber doch nahezu gleich, so daß die Bundesgewalt ziemlich gleichwertig durch den das Bundesvolk vertretenden Bundestag und den die Bundesländer vertretenden Bundesrat verkörpert wird. Demzufolge dürfte die Bundesrepublik Deutschland als gemischt unitarisch-föderativer Bundesstaat, allerdings mit Überwiegen des föderalistischen Elementes, anzusprechen sein.

C. Der demokratisch-parlamentarische Rechtsstaat

Die innere Staatsform der Bundesrepublik, d. h. die Verfassungs- und Regierungsform lautet auf: Freistaat, Volksstaat, Rechtsstaat.

I. Freistaat

a) Die republikanische Staatsform, die im Dritten Reich nur noch ein Scheindasein führte, ist restlos erneuert. Sie bedeutet heute kaum noch die Verneinung der entwicklungsgeschichtlich überholten Monarchie, vielmehr die Ablehnung jeder Art von Diktatur. Man mochte tatsächlich-politisch vorübergehend von einer Ablösung der Parteidiktatur durch die Bürokratiediktatur sprechen. Man muß staatsrechtlich in der nicht nur formell, sondern auch materiell wiederhergestellten Republik negativ die Negation des Obrigkeitsstaates, positiv die Vollendung des freien Volksstaates erblicken.

b) Damit die Republik nicht nur theoretisches Prinzip bleibe, sondern auch praktische Wirklichkeit werde, ist ein besonderer Republikschutz unentbehrlich. Schon das Grundgesetz hat diese Staatsform durch mehrere Sondervorschriften gegen Angriffe gesichert. Wer die Grundrechte zum Kampf gegen die demokratische Grundordnung mißbraucht, kann sich wegen „Verwirkung" nicht mehr auf sie berufen (Art. 18).

Wenn eine politische Partei nach ihren Zielen oder nach dem Verhalten ihrer Anhänger darauf ausgeht, jene Grundordnung zu beeinträchtigen oder gar zu beseitigen oder den Bestand der Bundesrepublik zu gefährden, ist sie verfassungswidrig — worüber das Bundesverfassungsgericht entscheidet (Art. 21). Nicht nur der Bundespräsident (Art. 61), sondern auch die Bundesrichter (Art. 98) können wegen Verstoßes gegen die verfassungsmäßige Ordnung vor das Bundesverfassungsgericht gestellt werden. Jedermann kann wegen Verfassungsverbrechens gemäß Art. 143 strafrechtlich belangt und abgeurteilt werden. Darüber hinaus wird der Verfassungsschutz gegenwärtig gesetzgeberisch und organisatorisch ausgestaltet.

II. Volksstaat

Den Volksstaat beinhaltet schon die echte, d. h. demokratische Republik.

a) Das demokratische Prinzip

Daß die Bundesrepublik auf dem demokratischen Prinzip beruht, geht aus ihrer Errichtung und aus ihrer Einrichtung hervor.

1. Errichtung

Die tatsächlichen Vorgänge zur Gründung der Bundesrepublik haben in der Präambel des GG. verfassungsrechtlichen Niederschlag gefunden. Hier tritt „das deutsche Volk" handelnd auf. Konnte es auch nur mit westzonaler Beschränkung auf die zugehörigen elf Länder tätig werden, so hat es doch auch für jene Deutschen mitgehandelt, denen mitzuwirken versagt war. Dieses Volk hat in Ausübung der bei ihm ruhenden verfassunggebenden Gewalt das vorläufige Verfassungsgesetz beschlossen, das später von der endgültigen, in freier Entscheidung zu beschließenden Verfassung abgelöst werden soll (Art. 146). Demokratisch war auch die Ratifikation des Grundgesetzentwurfes, sie erfolgte mittels Annahme zwar nicht durch das Volk selbst, aber wenigstens durch die Volksvertretungen in mehr als zwei Dritteln der zunächst beteiligten deutschen Länder (Art. 144); diese rechtmäßig und rechtsgültig geschehene Annahme wurde vom Parlamentarischen Rat feierlich konstatiert (Art. 145).

2. Einrichtung

Die Bundesrepublik ist Volksstaat. Das GG. kennzeichnet sie in Art. 20 als demokratischen und sozialen Bundesstaat. Ihr föderalistischer Charakter beeinträchtigt aber den demokratischen Charakter keineswegs. Denn alle Staatsgewalt geht vom Volke aus. Sie wird vom Volke in Wahlen und Abstimmungen oder durch besondere Organe der Gesetzgebung, der vollziehenden Gewalt oder der Rechtsprechung ausgeübt. Es gibt kein Staatsorgan im Bunde, das nicht Volksorgan wäre. Das ist besonders deutlich beim volksgewählten Bundestag, weniger deutlich beim länderbestellten Bundesrat. Da aber seine Mitglieder von Landesregierungen entsandt werden, die ihrerseits von volksgewählten Landtagen eingesetzt werden und von ihnen parlamentarisch abhängig sind, ist die demokratische Kette auch hier geschlossen. Entsprechendes gilt von der Bundesversammlung und dem Bundespräsidenten sowie der Bundesregierung.

b) Die grundsätzlich mittelbare Demokratie

Unmittelbares oder plebiszitäres Volkshandeln kennt des GG. kaum. Das Volk wählt alle vier Jahre den Bundestag. Eine Auflösung durch das Volk ist nicht vorgesehen. Es gibt auch kein Volksbegehren und keinen Volksentscheid, wenigstens nicht bei der Gesetzgebung. Die Ausnahmefälle der Neugliederung des Bundesgebiets gemäß Art. 29, 118 sind singuläre Erscheinungen, betreffen überdies Regierungsakte in Gesetzesform. Die „Volksbefragung" des Art. 118 bildet eine einmalige Möglichkeit.

Das mittelbare Volkshandeln durch vom Volk direkt oder indirekt bestellte Organe ist Regel und Grundsatz. Die einzelnen Fälle vgl. oben zu a).

III. Parlamentarismus

Die Abhängigkeit der Regierung von der Volksvertretung ist gegenüber früher wesentlich geändert, teils verstärkt, teils abgeschwächt, teils ergänzt.

a) Verstärkt ist die Abhängigkeit der Bundesregierung vom Bundestag dadurch, daß der die Regierung beherrschende Bundeskanzler vom ihm gewählt wird (Art. 63).

b) Abgeschwächt ist jene Abhängigkeit dadurch, daß das GG. kein Mißtrauensvotum im bisherigen Sinne kennt, sondern nur das sog. konstruktive oder indirekte Mißtrauensvotum zuläßt; dies bedeutet, daß der Bundestag einen Bundeskanzler nur dadurch aus seinem Amt entfernen kann, daß die Mehrheit der Abgeordneten einen Nachfolger wählt (Art. 67). Gegen die Bundesminister kann überhaupt kein Mißtrauensvotum beschlossen werden.

c) Wird ein Vertrauensantrag des Bundeskanzlers vom Bundestag abgelehnt, so kann der Bundespräsident auf Vorschlag des Bundeskanzlers den Bundestag auflösen (Art. 68).

IV. Rechtsstaat

Die wichtigsten staatsrechtlichen Kennzeichen des Rechtsstaates sind Grundrechte, Gewaltenteilung und Verfassungsjustiz.

a) Grundrechte

Ein großer Fortschritt im Zuge der staatsrechtlichen Erneuerung ist die naturrechtliche Verankerung der wichtigsten Grundrechte in den Menschenrechten. Wie die meisten neuen Landesverfassungen, so bekennt sich auch das GG. zu angeborenen, d. h. unverlierbaren und unentziehbaren Menschenrechten. Da diese im natürlichen Recht wurzeln, brauchen sie vom Gesetzgeber gar nicht erst — wie die Grundrechte bisherigen Stils — geschaffen zu werden. Vielmehr sind sie dem positiven Recht vorgegeben und selbst für den Verfassunggeber im voraus verbindlich. Wenn dieser sie im Grundrechtskatalog vermerkt, kann dem nur deklaratorische, nicht konstitutive Bedeutung zuerkannt werden. Diese naturrechtliche Fundierung hindert jedoch nicht, daß der Grundgesetzgeber die Menschenrechte positivrechtlich ausgestaltet und hierbei — unbeschadet ihrer Substanz — gewisse Beschränkungen teils selbst vornimmt, teils dem Gesetzgeber vorbehält. Doch darf dabei das Grundrecht niemals in seinem Wesenskern berührt werden. Dieser naturrechtlichen Konzeption und besonderen Wertung der wichtigsten Grundrechte als Menschenrechte entspricht äußerlich ihre Voranstellung im GG. vor der Festlegung der Bundesorganisation und der Bundesfunktionen. In diesem Grundrechtskatalog bildet das grundlegende Menschenrecht, daher materielle Hauptgrundrecht die unantastbare Würde des Menschen (Art. 1), das formelle Hauptgrundrecht der gerichtliche Grundrechtsschutz (Art. 19). Hier vollendet sich der rechtsstaatliche Gedanke eines lückenlosen gerichtlichen Schutzes gegen Verletzung individueller Rechte durch die Träger öffentlicher Gewalt. Vgl. Klein in den Veröffentlichungen der Vgg. der deutschen Staatsrechtslehrer, Heft 8 (1951). Auch die Grundrechtskataloge der Landesverfassungen sind nach wie vor beachtlich; ihre Bestimmungen bleiben soweit in Kraft, wie sie im Einklang mit den Art. 1—18 des GG. Grundrechte bestätigend, ergänzend oder vertiefend gewährleisten (Art. 142).

b) Gewaltenteilung

Zu den grundrechtlichen Institutionen rechnet das GG. auch die Gewaltenteilung. Für Gesetzgebung, Verwaltung und Rechtsprechung stellen die Grundrechte — als Individualgrundrechte wie als institutionelle Garantien — unmittelbar geltendes, aktuell verbindliches Recht dar. So muß z. B. das Gleichheitsprinzip (anders als nach der Weimarer Reichsverfassung) nicht nur von der rechtsvollziehenden Verwaltung und der rechtspflegenden Justiz, sondern auch vom Gesetzgeber selbst beachtet und verwirklicht werden. Dieser Gleichheitsgrundsatz verbietet nicht bloß willkürliche, sondern schon unzulänglich motivierte unterschiedliche Behandlung gleich zu behandelnder Sachverhalte, anderseits aber auch eine künstliche Gleichsetzung natürlicher Verschiedenheiten wie von Mann und Frau.

Zwischen den drei „Gewalten“ bestehen in herkömmlicher Weise organische Verbindungen, funktionelle Verschiebungen, gegenseitige Kontrollen. Der Bundespräsident wird nicht nur vollziehend, sondern auch legislativ (Art. 82) und rechtspflegend (Art. 60) tätig. Bundestag und Bundesrat wirken nicht nur bei der Gesetzgebung, sondern auch bei Vollziehung (Art. 110 ff.) und Rechtspflege (Amnestie) mit. Der Bundestag kann den Bundespräsidenten anklagen (Art. 161), dieser den Bundestag ausnahmsweise (Art. 63, 68) auflösen. Die Bundesregierung ist vom Bundestag abhängig, kann aber gegen Erhöhung oder Erweiterung von Haushaltsposten absolutes Veto einlegen (Art. 113). Die Richter sind an die Gesetze gebunden (Art. 97), können aber ihre Rechtsgültigkeit nachprüfen (Art. 100).

c) Verfassungsjustiz

Schon unter der Weimarer Verfassung erblickte man in der Tätigkeit des Staatsgerichtshofs für das Deutsche Reich die Krönung des Rechtsstaats. Das Oberste Verfassungsgericht der Bundesrepublik hat eine noch viel weiter gehende Zuständigkeit; sie ist nicht bloß bundesstaatlich, sondern schlechthin verfassungsrechtlich bestimmt. Vgl. Art. 93 und das Bundesverfassungsgerichtsgesetz 1951. Die Sachbefugnis zu seiner Anrufung ist erheblich ausgedehnt. Seine Entscheidungen binden vielfach über die Parteien hinaus die Gerichte und den Gesetzgeber, in manchen Fällen sogar alle Bürger mit Gesetzeskraft.

V. Verfassungshomogenität

Ein Sonderproblem jedes Bundesstaats ist die Übereinstimmung von Staats- und Regierungsform zwischen dem Gesamtstaat und den Gliedstaaten. Der föderalistische Aufbau der Bundesrepublik gewährt den Ländern bei Handhabung ihrer Verfassungsautonomie ein weitgehendes staatsrechtliches Selbstregelungsrecht. Gleichwohl bindet das GG. die Bundesländer sowie ihre Gemeinden in einigen Beziehungen an das Vorbild der Bundesrepublik.

a) Länder

Die verfassungsmäßige Ordnung in den Ländern muß den Grundsätzen des republikanischen, demokratischen und sozialen Rechtsstaates i. S. des GG. entsprechen (Art. 28). Die Landesregierungen sind dafür verantwortlich, daß ihre Länder in der Verfassungsurkunde, dem ungeschriebenen Verfassungsrecht und der wirklichen Gestaltung ihres Verfassungslebens jene Anforderungen erfüllen. Sie dürfen jedenfalls keine grundsätzlich davon abweichende Verfassungsform und Regierungsweise einführen oder beibehalten. Mit dem Gebot der Republik würden Monarchie und Aristokratie sowie jede Art von Diktatur unvereinbar sein. Bei der Demokratie ist es unerheblich, ob sie vom Lande mehr plebiszitär oder mehr parlamentarisch gestaltet wird. Ebenso kann die Regierung in größerer oder geringerer Abhängigkeit vom Landtage gebildet und geführt werden Das Wahlrecht zu Landtagen, Kreistagen und Gemeindevertretungen muß dem Wahlrecht zum Bundestag (Art. 38) entsprechen, d. h. diese Organe müssen aus allgemeinen, unmittelbaren, freien, gleichen und geheimen Wahlen hervorgehen. Dagegen steht die Auswahl zwischen Mehrheitswahl und Verhältniswahl oder Zwischenbildungen den Ländern frei. Der soziale Rechtsstaat bedingt zwar keine sozialistischen Maßnahmen, fordert aber soziale Grundhaltung bei allen öffentlichen Organen und Funktionen, vor allem gegenüber den Staatsbürgern.

b) Gemeinden

Die Bindung des Gemeindewahlrechts an das Bundeswahlrecht wurde bereits vermerkt. Eine gewählte Gemeindevertretung ist aber nicht unbedingt erforderlich, an ihre Stelle kann die Gemeindeversammlung treten. Im übrigen wiederholt das GG. (Art. 38) für die Gemeinden die frühere institutionelle Garantie durch das Gebot an die Länder: Den Gemeinden muß das Recht gewährleistet sein, alle Angelegenheiten der örtlichen Gemeinschaft im Rahmen der Gesetze in eigener Verantwortung zu regeln. Auch die Gemeindeverbände haben im Rahmen ihres gesetzlichen Aufgabenbereichs nach Maßgabe der Gesetze das Recht der Selbstverwaltung. Hiernach ist es den Ländern verwehrt, Landkreisverbände und Zweckverbände institutionell abzuschaffen.

3. Kapitel

Die Bundesorgane

A. Das Bundesvolk

Das Bundesvolk ist hier nicht als Staatselement (vgl. darüber oben im 2. Kapitel zu A I b), sondern als Staatsorgan des Bundes zu betrachten.

I. Bestand

Das Bundesorgan „Bundesvolk" besteht aus der Summe der staatsrechtlich handlungsfähigen Bundesangehörigen.

a) Bundesangehörig sind alle Deutschen, die von der Bundesgewalt erfaßt und an ihr beteiligt sind. Der Begriff „Deutscher" ist im GG. Art. 116 I näher umschrieben. Dazu gehören vor allem die Besitzer der deutschen Staatsangehörigkeit i. S. des Reichs- und Staatsangehörigkeitsgesetzes vom 22. Juli 1913. Erworben wurde und wird diese Staatsangehörigkeit durch Abstammung (ehelich von einem deutschen Vater, unehelich von einer deutschen Mutter), Legitimation (eines ausländischen unehelichen Kindes durch einen Deutschen), Eheschließung (einer Nichtdeutschen mit einem Deutschen), Einbürgerung (eines Ausländers oder Staatlosen), Anstellung (im öffentlichen Dienst). Verloren wurde und wird die deutsche Staatsangehörigkeit durch Entlassung (auf Antrag), Erwerb ausländischer Staatsangehörigkeit, Ausspruch der Behörde, Auslandslegitimation eines deutschen unehelichen Kindes, bisher auch Auslandsehe einer Deutschen. Die rassisch oder politisch oder religiös bedingten Ausbürgerungen und

Einbürgerungswiderrufe durch das Dritte Reich sind rückgängig gemacht worden. Näheres GG. Art. 116 II. Nach dem GG. Art. 16 I darf die deutsche Staatsangehörigkeit nicht entzogen werden; der Verlust der Staatsangehörigkeit darf nur auf Grund eines Gesetzes, und er darf gegen den Willen des Betroffenen nur dann eintreten, wenn der Betroffene dadurch nicht staatenlos wird. Zu den „Deutschen“ i. S. des GG. gehört nach Art. 116 I ferner, wer als Flüchtling oder Vertriebener deutscher Volkszugehörigkeit oder als dessen Ehegatte oder Abkömmling im Reichsgebiet des Standes vom 31. Dezember 1937 Aufnahme gefunden hat. Alles dies gilt vorbehaltlich anderweitiger gesetzlicher Regelung, die noch aussteht. Wegen der bundes- oder landesgesetzlichen Regelungszuständigkeit vgl. GG. Art. 73 Nr. 2, Art. 74 Nr. 8.

b) Handlungsfähig im staatsrechtlichen Sinne sind diejenigen Bundesangehörigen, welche aktiv an der Bundesgewalt teilhaben. Aber nicht alle abstrakt Befähigten sind auch konkret berechtigt, Bundesgewalt auszuüben. Entscheidend ist die positive gesetzliche Regelung, deren abschließende Ordnung noch aussteht. Eine vorläufige Regelung für das Wahlrecht traf das Wahlgesetz zum ersten Bundestag vom 15. Juni 1949 (BGBl. 21), dahin:

1. Wahlberechtigt ist, wer am Wahltag deutscher Staatsangehöriger ist, das 21. Lebensjahr vollendet hat und seit mindestens drei Monaten Wohnsitz oder Aufenthalt im Bundesgebiet hat. Den Deutschen sind volkszugehörige Flüchtlinge, Vertriebene und Heimkehrer weitgehend gleichgestellt.
2. Nicht wahlberechtigt ist, wer 1. entmündigt ist oder unter vorläufiger Vormundschaft oder wegen geistigen Gebrechens unter Pflegschaft steht; 2. durch rechtskräftiges Urteil die bürgerlichen Ehrenrechte verloren hat; 3. nach den Bestimmungen seines Landes über die politische Säuberung nicht wahlberechtigt ist.
3. Die Wahlberechtigung ruht für Personen, die wegen Geisteskrankheit oder Geistesschwäche in einer Heil- oder Pflegeanstalt untergebracht sind oder sich in Strafhaft befinden.
4. Sein Wahlrecht ausüben kann nur, wer in einer Wählerliste oder Wahlkartei eingetragen ist oder aber einen Wahlschein hat.

II. Organische Funktionen

a) Wahlen

Das GG kennt nur einen Fall, in dem das Bundesvolk zur Ausübung eines Wahlrechts berufen ist. Die Abgeordneten des Deutschen Bundestages werden vom aktiven Bundesvolk in allgemeiner, unmittelbarer, freier, gleicher und geheimer Wahl gewählt (Art. 38). Wahlberechtigt ist, wer das 21., wählbar, wer das 25. Lebensjahr vollendet hat. Das Nähere soll ein Bundesgesetz bestimmen, welches jedoch bisher noch nicht ergangen ist. Es wird auch zu der vom GG. offen gelassenen wichtigen Frage Stellung nehmen müssen, ob die Wahlen nach dem Mehrheitssystem oder dem Verhältnissystem oder einem Verbindungssystem stattfinden. Für die Wahlen zum ersten Bundestag galt eine Kombination von Mehrheitswahl (Einerwahl) in den Wahlkreisen mit anschließender proportionaler Auswertung der Reststimmen aus den Landesergänzungsvorschlägen, und zwar dergestalt, daß etwa 3/5 der Abgeordneten auf die Wahlkreise und 2/5 derselben auf die Landesvorschläge entfielen. Die proportionale Verteilung auf die letzteren erfolgte nach dem Höchstzahlverfahren des sogenannten d'Hondt'schen Systems. Dabei blieben solche Parteien unberücksichtigt, die in keinem Wahlkreis ein Mandat errungen hatten und deren Gesamtstimmenzahl im Lande weniger als 5% der in diesem Lande insgesamt abgegebenen Stimmen betrug.

b) Volksbegehren und Volksentscheid

Diese bekannten Einrichtungen aus der Verfassung der Reichsrepublik hat man in der Bundesrepublik nicht im früheren Sinne erneuert. Das GG. kennt nur zwei unechte, d. h. außerhalb der materiellen Legislative vorgesehene Fälle dieser Art. Beide beziehen sich auf die territoriale Neugliederung des Bundesgebietes.

1. Allgemein sieht die ziemlich umständliche Vorschrift des Art. 29 vor, daß in solchen Gebietsteilen der heutigen Länder, die bei der Neubildung der Länder ihre Landeszugehörigkeit ohne Volksabstimmung gewechselt haben, binnen Jahresfrist nach dem (durch die Besatzung aufgeschobenen) Inkrafttreten des Art. 29 Volksbegehren (1/10) über genau zu bezeichnende Grenzänderungen zugelassen werden sollen. Als Beispiele solcher Länderteile seien die Pfalz, die nördlichen Teile von Baden und Württemberg, Rheinhessen, Nordrhein, Oldenburg, Lippe angeführt. Beim Zustandekommen eines Volksbegehrens muß die Bundesregierung die gewünschte Änderung in den vorzuschlagenden Gesetzentwurf aufnehmen. Über das angenommene Gesetz muß in dem zu ändernden Gebiet ein Volksentscheid stattfinden. Bei Ablehnung ist das Gesetzgebungsverfahren zu erneuern.
2. Speziell für die Länder Baden, Württemberg-Baden und Württemberg-Hohenzollern gilt die Übergangsvorschrift des Art. 118. Hier soll die Bildung eines Südweststaates primär durch Vereinbarung zwischen den drei Ländern, mangels solcher sekundär durch Bundesgesetz — welches eine „Volksbefragung" vorsehen muß — bewirkt werden. Nach dem Scheitern einer Vereinbarung erfolgte die Regelung von Bundeswegen durch die beiden Gesetze vom 4. Mai 1951 (BGBl. 283, 284). Der Vollzug steht noch aus.

III. Politische Parteien

a) Aktivstellung

Das frühere Staatsrecht kannte keine politischen Parteien. Sie waren Rechtsgebilde nur des privaten, aber nicht des öffentlichen Rechts. Diese Rechtslage änderte sich jedoch schon vor der Episode des „Dritten Reiches". Bereits das Verhältniswahlrecht führte die Parteien durch ihre Beteiligung an der Wahlorganisation und die Aufstellung von Wahlvorschlägen in den staatsrechtlichen Bereich ein. Vollends heute — obwohl anderseits eine gewisse Dämmerung der Verhältniswahl eingetreten ist — kann das demokratische Verfassungsleben sich nicht ohne Parteien abspielen. Dem hat auch das positive Recht Rechnung getragen. Voran ging die badische Verfassung (Art. 118 ff.). Ihr folgt das GG. mit der Gewährleistung des Art. 21: Die Parteien wirken bei der politischen Willensbildung des Volkes mit; ihre Gründung ist frei. Allerdings deutet das Wort „mitwirken“ auf eine sekundäre Rolle der Parteien hinter der primären Stellung des Volksganzen hin. Folgerichtig bezeichnet das GG. in Art. 38 die Abgeordneten als Vertreter des ganzen Volkes, an Aufträge und Weisungen nicht gebunden, nur ihrem Gewissen unterworfen.

b) Passivstellung

Gleichwohl sind die Parteien nicht Gebieter des Staats[1]), sondern der Kontrolle des Bundes unterworfen. Ihre innere Ordnung muß demokratischen Grundsätzen entsprechen (Art. 21). Demokratische Grundsätze verbieten vor allem diktatorische Zielsetzungen und Einrichtungen. Die Parteien müssen über die Herkunft ihrer Mittel öffentlich Rechenschaft geben. Parteien, die nach ihren Zielen oder nach dem Verhalten ihrer Anhänger darauf ausgehen, die freiheitliche demokratische Grundordnung zu beeinträchtigen oder zu beseitigen oder den Bestand der Bundesrepublik zu gefährden, sind verfassungswidrig; über diese Frage entscheidet das Bundesverfassungsgericht (Art. 21 II).

B. Der Bundestag

I. Staatsrechtliche Stellung

Den heutigen Bundestag verbindet mit dem Bundestag des Deutschen Bundes nur der Name, mit dem Reichstag des Kaiserreichs nur die Eigenschaft als Volksvertretung, mit dem Reichstag der Reichsrepublik die Repräsentation des Trägers der Staatsgewalt hauptsächlich zur Ausübung der Legislative. Während aber dieser Reichstag das grundsätzliche Organ zur höchstinstanzlichen Verkörperung der Reichsgewalt war, teilt der gegenwärtige Bundestag diese staatsrechtliche Stellung — mit bloß inhaltlich überwiegender Einzelkompetenz — mit dem neben ihm stehenden Bundesrat. Dabei bildet er das Hauptorgan des Unitarismus, der Bundesrat dagegen das Hauptorgan des Föderalismus. Nur der Bundestag ist eine Kammer im parlamentarischen Sinne. Der Bundesrat ist keine Kammer, sondern ein Regierungskollegium. Daher besteht nicht Zwei-, sondern Einkammersystem. Da der Bundestag allein das Parlament darstellt, befindet sich die Bundesregierung nur von ihm, nicht auch vom Bundesrat in parlamentarischer Abhängigkeit. Der Bundestag ist ein oberstes Staatsorgan, keine Behörde oder Körperschaft; doch tragen seine Unterorgane möglicherweise behördlichen Charakter, so namentlich der Präsident (Art. 40 II). Untersuchungsausschüsse (Art. 44) und der Ständige Ausschuß (Art. 45).

II. Die Abgeordneten

a) Bestand

Die abgekürzt als M.d.B. bezeichneten Abgeordneten werden, wie oben erwähnt, vom aktiven Bundesvolk in allgemeiner, unmittelbarer, freier, gleicher und geheimer Wahl gewählt (Art. 38 I). Die näheren Bestimmungen, die ein Bundesgesetz treffen soll, liegen noch nicht endgültig vor.

[1]) Vgl. das Schlagwort des Dritten Reiches: Die Partei befiehlt dem Staat!

Wählbar ist, wer wahlberechtigt ist und das 25. Lebensjahr vollendet hat, dieses also spätestens am Wahltag als seinem 25. Geburtstag vollendet. Außerdem mußte der Bewerber nach dem Wahlgesetz zum 1. Bundestag am Wahltage entweder seit mindestens einem Jahre die deutsche Staatsangehörigkeit besitzen oder (sonst) Flüchtling oder Vertriebener i. S. dieses Wahlgesetzes sein. Besonderes galt für Beamte und Richter sowie Hoheitsangestellte des Bundes oder bundeseigener Körperschaften, Anstalten oder Einrichtungen. Derartige Bewerber mußten vor Annahme der Wahl ihre Versetzung in den Wartestand beantragen; diese erfolgte ohne Anspruch auf Wartegeld, aber mit dem Anspruch auf spätere Wiedereinstellung. Ein gewählter Bewerber ist erst dann Abgeordneter, wenn er dem Wahlleiter schriftlich die Annahme der Wahl erklärt hat. Die Nachprüfung der vollzogenen Wahlen gebührt nicht wie früher einem Wahlprüfungsgericht, sondern dem Bundestag selbst. Doch ist gegen seine Entscheidung Beschwerde an das Bundesverfassungsgericht zulässig (Art. 41). Vgl. das Wahlprüfungsgesetz vom 12. März 1951.

Der Bundestag entscheidet auch vorbehaltlich der Beschwerdeentscheidung des Bundesverfassungsgerichts über den Verlust der Mitgliedschaft. Nach dem vorläufigen Wahlgesetz verliert ein Abgeordneter sein Mandat:

1. durch Verzicht (welcher dem Bundestagspräsidenten schriftlich und unwiderruflich zu erklären ist),
2. durch nachträglichen Verlust des Wahlrechts,
3. durch strafgerichtliche Aberkennung der Rechte aus öffentlichen Wahlen,
4. durch Ungültigerklärung der Wahl beim Wahlprüfungsverfahren,
5. durch nachträglich festgestellte Änderung des Wahlergebnisses.

b) Rechtsverhältnisse

1. Die allgemeinen Pflichten und Rechte der M.d.B. ergeben sich aus dem allgemeinen Verfassungs- und Parlamentsrecht. Hervorzuheben ist die staatsrechtliche Pflicht zu gewissenhafter Wahrnehmung des hohen Amtes und zu parlamentswürdigem persönlichen Verhalten, anderseits das Recht zu freier, nur auf das Volkswohl ausgerichteter Ausübung des Mandats. Der weithin übliche politische Fraktionszwang ist staatsrechtlich nicht vertretbar. Gegenteilige Stimmabgabe ist gültig. Austritt oder Ausschluß aus Fraktion oder Partei sowie Übertritt zu einer anderen politischen Gruppe beenden nicht das Mandat; diesbezüglicher vorgängiger Verzicht wäre rechtsungültig.

2. Die herkömmlichen besonderen Ausnahmerechte und besonderen Vorrechte für Abgeordnete sind bei den M.d.B. in Einzelheiten fortgebildet worden (Art. 46).

Indemnität: Kein M.d.B. darf irgendwann wegen seiner Abstimmung oder wegen einer im Bundestag oder einem Bundestagsausschuß getanen Äußerung gerichtlich oder dienstlich verfolgt oder sonstwie außerhalb des Bundestags zur Verantwortung gezogen werden, ausgenommen bei verleumderischen Beleidigungen

I m m u n i t ä t : Kein M.d.B. darf wegen einer Straftat ohne Genehmigung des Bundestages zur Verantwortung gezogen oder verhaftet werden, ausgenommen Festnahme bei Begehung der Tat oder im Lauf des folgenden Tages. Gleicher Genehmigung bedarf jede andere Beschränkung der persönlichen Freiheit und die Einleitung eines Verfahrens wegen Grundrechtsverwirkung (Art. 18). Schwebende Verfahren beschränkender Natur gegen ein Mitglied sind auf Verlangen des Bundestages auszusetzen (Reklamationsrecht).

Auch das aus der Reichsrepublik überkommene Recht zur Zeugnisverweigerung ist neu gewährleistet (Art. 47).

Schon Mandatsbewerber haben Anspruch auf den erforderlichen Urlaub. Kündigung oder Entlassung ist unzulässig. Vollends darf die Ausübung des Mandats nicht gehindert werden. Dabei besteht Anspruch auf angemessene, die Unabhängigkeit sichernde, deshalb steuerfreie Entschädigung. Die nähere Regelung traf das Bundesgesetz vom 15. Juni 1950 mit Rückwirkung zum 1. September 1949. Dazu tritt das Recht auf freie Benutzung aller staatlichen Verkehrsmittel (Art. 48).

III. Organisation

a) W a h l p e r i o d e

Die Wahlzeit eines Bundestags dauert vier Jahre. Sie endet am vierten Jahrestage des ersten Zusammentritts oder kraft Auflösung. Die Neuwahl geschieht im ersten (Regel-)Falle vor dem Ende der Wahlperiode, im zweiten (Ausnahme-)Falle spätestens nach 60 Tagen. Die Möglichkeit einer Auflösung (durch den Bundespräsidenten) besteht gemäß Art. 63 dann, wenn bei einer Kanzlerwahl im Bundestag bloß eine einfache Mehrheit erzielt wird, ferner nach Art. 68 dann, wenn gemäß dieser Vorschrift der Bundestag einen Vertrauensantrag des Bundeskanzlers abgelehnt hat. Wegen Tagungsbeginn, Vertagung und Einberufung innerhalb der Wahlperiode vgl. Art. 39.

b) O r g a n e

Der Bundestag als Staatsorgan hat die bei jedem Parlament üblichen Unterorgane: Präsidium (Präsident, Vizepräsidenten, Schriftführer), Ausschüsse (obligatorisch der Ständige Ausschuß, fakultativ Untersuchungsausschüsse), Ältestenrat, Fraktionen, eigene Beamte und Angestellte. Dem Präsidenten steht das fiskalische Hausrecht und die hoheitliche Polizeigewalt im ganzen Bundeshaus zu. In dessen sämtlichen Räumen darf ohne seine Genehmigung keine Durchsuchung oder Beschlagnahme stattfinden.

c) G e s c h ä f t s f ü h r u n g

Die vom Bundestag beschlossene Geschäftsordnung ist keine Körperschaftssatzung, sondern eine gemischte Rechts- und Verwaltungs-Verordnung. Die vorläufige GeschO. vom 20. September 1949 hat den traditionell üblichen Inhalt. Die Grundregeln über regelmäßig öffentliche, ausnahmsweise geheime Verhandlungen, Beschlußfähigkeit und Beschlußmehrheiten, Beteiligung der Regierungsvertreter, Berichterstattungsfreiheit enthält das GG. selbst.

IV. Zuständigkeit

Unbeschadet der prinzipiellen Gewaltenteilung wird der Bundestag auf dem Gebiete aller drei Gewalten tätig.

a) Gesetzgebung. Der Bundestag ist das Zentralorgan der Gesetzgebung. Seine legislativen Befugnisse (Art. 76 ff.) sind bei der Darstellung der Bundesgesetzgebung zu erläutern.

b) Vollziehende Gewalt. Vor allem hat der Bundestag als Hauptorgan bei der alljährlichen gesetzesförmlichen Feststellung des Haushaltsplanes mitzuwirken (Art. 110). Ihm (und dem Bundesrat) ist vom Finanzminister über Einnahmen und Ausgaben sowie über Vermögen und Schulden jährlich Rechnung zu legen (Art. 114). Auch Kreditaufnahmen, überjährige Kreditgewährungen und überjährige Sicherheitsleistungen bedürfen einer bundesgesetzlichen Grundlage. Wohl die bedeutsamste Funktion des Bundestags ist die Wahl des Bundeskanzlers und seine Amtsenthebung durch Wahl eines anderen Bundeskanzlers (Art. 63). Auch die Anklage des Bundespräsidenten wegen Verfassungsbruchs steht dem Bundestag zu (Art. 61).

c) Eine Beteiligung an der Rechtspflege bildet die gesetzesförmliche Amnestie und der Wahlprüfungsbeschluß (Art. 41). —

Alle diese Befugnisse kann der Bundestag nur selbst und nur durch Plenarbeschluß ausüben, nicht etwa delegieren oder dem Ständigen Ausschuß überlassen (Art. 45 II). Lediglich die allgemeine parlamentarische Kontrolle der Bundesregierung steht diesem Ausschuß für die Zeit zwischen zwei Wahlperioden zu (Art. 45 I).

C. Der Bundesrat

I. Staatsrechtliche Stellung

Da die Bundesländer Mitträger der Bundesgewalt sind, kommt dem sie repräsentierenden Bundesrat nächst dem Bundestag die höchste Rechtsstellung in der Bundesrepublik zu. Durch ihn wirken die Länder bei der Gesetzgebung, Regierung und Verwaltung des Bundes mit (Art. 50). Er verkörpert zuhöchst den Föderalismus, ist aber selbst nicht, wie z. B. die Fachministerkonferenzen, gemeinsames Länderorgan, sondern ausschließlich Bundesorgan.

II. Organisation

a) Bestand. Der Bundesrat besteht aus Mitgliedern der Regierungen der Länder, die diese bestellen und abberufen. Jedes Land kann so viele Mitglieder entsenden, wie es Stimmen hat, doch können die Stimmen eines Landes nur einheitlich abgegeben werden. Für die Stimmzahl ist die Einwohnerzahl maßgebend; gegenwärtig entfallen auf Bayern, Nordrhein-Westfalen und Niedersachsen je fünf, Württemberg-Baden, Hessen, Rheinland-Pfalz und Schleswig-Holstein je vier, Hamburg, Bremen, Baden und Württemberg-Hohenzollern je drei Stimmen. Die Mitglieder sind an die Weisungen der sie entsendenden Landesregierung (Ausnahme Art. 77 II), keinesfalls an Weisungen einer politischen Partei gebunden

b) Geschäftsführung. Den Vorsitz führt der vom Bundestag auf ein Jahr gewählte Präsident. Er beruft den Bundesrat ein. Die Verhandlungen sind regelmäßig öffentlich, ausnahmsweise geheim. Die Beschlüsse werden mit mindestens Stimmenmehrheit gefaßt. Die Bundesregierungs-Mitglieder sind zur Teilnahme (ohne Stimmrecht) berechtigt, auf Verlangen verpflichtet. Weiteres bestimmt die vom Bundesrat gegebene Geschäftsordnung (Art. 52, 53).

III. Zuständigkeit

a) Wegen der später darzulegenden Beteiligung bei der Gesetzgebung vgl. vorerst die Art. 59, 76—79, 81, 84, 85, 105—108, 134, 135.

b) Wegen der Beteiligung bei Regierung und Verwaltung vgl. Art. 56 (Vereidigung des Bundespräsidenten), 57 (Vertretung des Bundespräsidenten), 61 (Anklage des Bundespräsidenten), 80 (Rechtsverordnungen), 84, 85 (Bundesaufsicht), 91 (Polizeihilfe), 94 (Wahl des BVerfGer.), 108 (Abgabenverwaltungsnormen), 113 (Etatspostenerhöhung), 114 (Rechnungslegung).

c) Beteiligung bei der Rechtspflege: Amnestiegesetze.

D. Die Bundesversammlung

Dieses Sonderorgan dient nur der Wahl des Bundespräsidenten. Es besteht aus den Mitgliedern des Bundestages und ebenso vielen Mitgliedern, die von den Landtagen proportional zu wählen sind. Die vom Präsidenten des Bundestags einzuberufende Bundesversammlung tritt spätestens 30 Tage vor Ablauf der Amtszeit eines Bundespräsidenten, bei vorzeitiger Beendigung spätestens 30 Tage nach diesem Zeitpunkt zusammen. Bei der Wahl entscheidet zunächst absolute, nach zwei vergeblichen Wahlgängen einfache Mehrheit (Art. 54).

E. Der Bundespräsident

I. Staatsrechtliche Stellung

Der Bundespräsident ist das einzelpersönliche, mittelbar volksgewählte, nicht ganz unverantwortliche Staatsoberhaupt der Bundesrepublik für repräsentative, koordinierende und ausgleichende Zwecke.

II. Amtsorganisation

a) Besetzung und Erledigung

1. Der Amtsträger wird von der Bundesversammlung ohne Aussprache gewählt, und zwar mit im 1. und 2. Wahlgang absoluter, im notfalls 3. Wahlgang relativer Stimmenmehrheit (Art. 54, 121). Wählbar ist jeder Deutsche, der zum Bundestag wählbar und mindestens 40 Jahre alt ist. Die Amtsdauer beträgt fünf Jahre, einmalige anschließende Wiederwahl ist zulässig. Das Nähere soll ein Bundesgesetz regeln (Art. 54). Beim Amtsantritt leistet der Bundespräsident vor den ver-

sammelten Mitgliedern des Bundestags und des Bundesrats den in Art. 56 formulierten Eid. Stellvertreter des Bundespräsidenten bei Verhinderung oder vorzeitiger Amtserledigung ist von Verfassungs wegen der Bundesratspräsident (Art. 57).

2. Die Amtsdauer endet durch Zeitablauf, Verzicht oder Absetzung gemäß Art. 61.

b) Beschränkungen und Verantwortlichkeit

1. Unvereinbarkeiten.

Der Bundespräsident darf weder der Regierung noch einer gesetzgebenden Körperschaft des Bundes oder eines Landes angehören. Er darf kein anderes besoldetes Amt, kein Gewerbe und keinen Beruf (unbeschadet der Innehabung) ausüben, auch weder der Leitung noch dem Aufsichtsrat eines Erwerbsunternehmens angehören (Art. 55).

2. Nichtverantwortlichkeit.

Anordnungen und Verfügungen des Bundespräsidenten bedürfen zu ihrer Gültigkeit und Vollziehbarkeit der Billigung (Gegenzeichnung) durch den Bundeskanzler oder den zuständigen Fachminister (Art. 58). Ausnahmen: Art. 63, 67, 69. In allen diesen Fällen entfällt die eigene Verantwortlichkeit des Bundespräsidenten.

3. Verantwortlichkeit.

Wegen vorsätzlicher Verletzung des Grundgesetzes oder eines anderen staatsrechtlich erheblichen Bundesgesetzes können Bundestag oder Bundesrat den Bundespräsidenten mit besonderen Minder- bzw. Mehrheiten bei Antragstellung und Beschlußfassung vor dem Bundesverfassungsgericht anklagen. Das Gericht kann auf Amtsverlust erkennen, einstweilig die Amtsverhinderung feststellen (Art. 61).

III. Amtsfunktionen

a) Auswärtiges: Völkerrechtliche Vertretung; Abschluß von Staatsverträgen unter traditioneller Mitwirkung der gesetzgebenden Faktoren bei politischen und legislativen Materien gemäß Art. 59; Beglaubigung und Empfang von Gesandten, — vorübergehend suspendiert gemäß dem Besatzungsstatut.

b) Repräsentation: Bestimmung von Hoheitszeichen (Bundeswappen, Bundesadler, Dienstsiegel) im grundgesetzlich nicht näher geregelten Zusammenwirken mit der Bundesregierung (Bktm. und Erlaß v. 20. Januar 1950); Anregung zu neuer Nationalhymne.

c) Regierungsvollmachten: Ausfertigung der Gesetze (Art. 82), Erklärung des Gesetzgebungsnotstandes gemäß Art. 81; anomale Auflösung des Bundestags in den Fällen der Art. 63, 68; Ernennung und Entlassung des Bundeskanzlers und der Bundesminister (Art. 63, 64, 67, 69) sowie der Bundesrichter und Bundesbeamten (Art. 60); Einzelbegnadigungen in Bundessachen (Art. 60).

F. Die Bundesregierung

I. Staatsrechtliche Stellung

Die Bundesregierung ist das vom Bundeskanzler geführte, grundsätzlich vom Bundestag allein abhängige und nur ihm verantwortliche, aber doch weitgehend selbständige oberste leitende und vollziehende Staatsorgan des Bundes.

II. Organisation

a) Bestand und Bildung

1. Die Bundesregierung setzt sich zusammen aus dem Bundeskanzler und „seinen" Bundesministern (Art. 62). Der Bundeskanzler ist der führende Staatsmann der Republik, der Chef des Regierungsbetriebes, der Vorsitzende und Geschäftsführer des Kollegiums. Die Bundesminister stellen eine Mischung von echten Ministern und Staatssekretären dar. Sie sind einerseits dem Bundeskanzler politisch und auch staatsrechtlich untergeordnet, anderseits die selbständigen und eigenverantwortlichen Leiter der ihnen anvertrauten Geschäftszweige. Sie sind „verfassungsrechtlich abhängig, verwaltungsrechtlich unabhängig". Das GG. erwähnt ausdrücklich den Finanz- und den Justizminister; die übrigen Ministerien liegen grundgesetzlich nicht fest.

2. Berufung.

   Der Bundeskanzler wird auf Vorschlag des Bundespräsidenten vom Bundestag ohne Aussprache mit den Stimmen der Mehrheit der M.d.B. gewählt, sodann vom Bundespräsidenten förmlich ernannt. Wenn der Vorgeschlagene nicht vom Bundestag gewählt wird, kann der Bundestag aus sich mit absoluter Mehrheit sämtlicher M.d.B. einen Bundeskanzler wählen. Kommt binnen zwei Wochen überhaupt keine Wahl zustande, so genügt beim nächsten Wahlgang relative Mehrheit. Vereinigt hierbei der Gewählte die Stimmen der Mehrheit der M.d.B. auf sich, so muß der Bundespräsident ihn ernennen. Vereinigt der Gewählte diese Mehrheit nicht auf sich, so trifft der Bundespräsident die Entscheidung zwischen Ernennung des Gewählten oder Auflösung des Bundestags. Gegenzeichnung ist zu beidem nicht erforderlich (Art. 63). Der Bundeskanzler bestellt aus der Reihe der Bundesminister seinen Stellvertreter (Vizekanzler). Die Bundesminister werden auf Vorschlag des Bundeskanzlers vom Bundespräsidenten ernannt. Bundeskanzler und Bundesminister leisten bei der Amtsübernahme vor dem Bundestag den gleichen Eid wie der Bundespräsident (Art. 64).

3. Abberufung. Das Amt des Bundeskanzlers endet stets mit dem Zusammentritt eines neuen Bundestages. Die vorherige Entlassung eines Bundeskanzlers kann, abgesehen vom Amtsverzicht, nur durch den Bundestag und nur mittels sogenannten konstruktiven Mißtrauensvotums herbeigeführt werden. Der Bundestag kann dem Bundeskanzler das Mißtrauen (nur) dadurch aussprechen, daß er mit der Mehrheit der M.d.B. einen neuen Bundeskanzler wählt. Alsdann muß der Bundespräsident den bisherigen entlassen und den neuen ernennen

(Art. 67). Verlangt der Bundeskanzler vom Bundestag ein Vertrauensvotum und lehnt der Bundestag es ab, so kann der Bundespräsident auf Vorschlag des Bundeskanzlers den Bundestag auflösen (Art. 68); Gegenzeichnung ist hier erforderlich (Art. 58 Satz 1). Jeder Bundesminister scheidet aus seinem Amt, wenn der Bundeskanzler das seinige verliert. Füglich kann keinem Bundesminister ein eigenes Mißtrauensvotum erteilt werden.

4. Wie dem Bundespräsidenten, ist auch den Mitgliedern der Bundesregierung untersagt, ein anderes besoldetes Amt, ein Gewerbe oder einen Beruf auszuüben oder der Leitung eines auf Erwerb gerichteten Unternehmens anzugehören. Doch können sie — anders als der Bundespräsident — mit Zustimmung des Bundestages Mitglieder von Aufsichtsräten sein.

b) Geschäftsführung

Hier mischen sich drei Prinzipien (Art. 65).

1. Kanzlerprinzip: Die Richtlinien der Bundespolitik werden verantwortlich vom Bundeskanzler allein bestimmt. Sie sind für die Bundesminister verbindlich und gehen auch deren etwaigen freiwilligen Bindungen an Partei oder Fraktion vor. Bei Zweifeln und Meinungsverschiedenheiten entscheidet der Bundeskanzler.
2. Ressortprinzip: Innerhalb jener Richtlinien leitet jeder Bundesminister seinen Geschäftsbereich selbständig und eigenverantwortlich gegenüber dem Bundeskanzler. Meinungsverschiedenheiten zwischen den Ressorts entscheidet die Bundesregierung.
3. Kollegialprinzip: Die Geschäfte der kollegialen Bundesregierung werden nach einer von ihr selbst beschlossenen, aber vom Bundespräsidenten zu bestätigenden Geschäftsordnung vom Bundeskanzler geleitet (Art. 65). Vorläufig wird noch die alte Geschäftsordnung der Reichsregierung von 1924/26 gehandhabt. Die Mehrheitsbeschlüsse des Kollegiums sind für alle Mitglieder verbindlich. Sitzungen — wie im Weimarer Reich — unter dem Vorsitz des Bundespräsidenten sind nicht vorgesehen, darum aber nicht unzulässig.

III. Funktionen

Der Bundesregierung stehen die allgemein üblichen Aufgaben und Befugnisse des Regierungsorgans zu. Hervorzuheben sind:

a) Bei der Gesetzgebung: Initiative und Begutachtung gemäß Art. 76, Dringlich- und Unannehmbar-Erklärung gemäß Art. 81, Ausdehnung von Bizonalrecht gemäß Art. 127.

b) Bei Regierung und Vollziehung: Erlaß von (nur Flüchtlings-)Verordnungen mit Gesetzeskraft (Art. 119), Erlaß von ermächtigten Rechtsverordnungen (Art. 80, 82) und von allgemeinen Verwaltungsvorschriften (Art. 84, 85, 86, 108), Ausübung der Bundesaufsicht (Art. 84, 85), Erteilung von Einzelweisungen (Art. 84, 91), Zustimmung zu Haushaltsüberschreitungen (Art. 112), Zustimmung zu Postenerhöhungen im Haushaltsplan (Art. 113), Rechnungslegung (Art. 114). Ein Sonderfall war die Zustimmung zum Petersberg-Abkommen 1949.

4. Kapitel

Die Bundesfunktionen

A. Rechtssetzung

Der Bund teilt sich in die Rechtssetzung mit den Ländern. Die Kompetenzabgrenzung zwischen beiden ist an früherer Stelle dargelegt worden. Nächst dieser materiellen Frage nach dem Gegenstand interessiert nun die formelle Frage nach dem Verfahren zur Setzung von Bundesrecht. Wir beschränken uns dabei auf das geschriebene Recht. Gewiß gibt es in jedem Verfassungsleben auch ungeschriebenes Recht. Doch kann dem Gewohnheitsrecht in der Bundesrepublik nur noch ergänzende Bedeutung de lege lata zugestanden werden. Änderungen des bestehenden Verfassungsrechts, wenigstens soweit es sich um Abweichungen vom Text des GG. handelt, sind nach Art. 79 durch die strenge Formvorschrift für Verfassungsänderungen, teilweise sogar durch das Verbot des Art. 79 III ausgeschlossen.

I. Gesetzgebung

Das GG. kennt und befolgt die herkömmliche Unterscheidung von materiellen Gesetzen (Rechtsnormen) und formellen Gesetzen (Legislativakten). Es ist Auslegungsfrage des Einzelfalles, ob mit dem Ausdruck „Gesetz" Rechtsnorm oder Legislativakt gemeint sei. Letzteres ist zweifellos bei den Art. 76—79 anzunehmen. Hier ist der ordentliche Weg der Gesetzgebung geregelt, ein Notweg für Notstandsfälle vorgesehen und Besonderes für Verfassungsänderungen bestimmt.

a) Ordentlicher Gesetzgebungsweg

1. Ein Gesetzesvorschlag kann ausgehen von der Bundesregierung, dem Bundestag selbst oder dem Bundesrat.

   Gesetzesvorlagen der Bundesregierung werden zunächst dem Bundesrat zugeleitet, welcher berechtigt ist, binnen drei Wochen dazu Stellung zu nehmen (Art. 76). Anschließend erfolgt, wie auch immer die Stellungnahme lautet, die Einbringung der Vorlage im Bundestag.

   Gesetzesvorlagen aus der Mitte des Bundestages werden hier von einer geschäftsordnungsmäßig bestimmten Mindestzahl von Abgeordneten, in der Regel von einer Fraktion oder von den Koalitionsfraktionen eingebracht.

   Gesetzesvorlagen des Bundesrats gelangen an den Bundestag über die Bundesregierung, welche dabei ihre Auffassung darlegen muß.

2. Den Gesetzesinhalt stellt zunächst nach geschäftsordnungsmäßiger Behandlung der Vorlage der Bundestag fest. Sodann nimmt der Bundesrat dazu Stellung (Art. 77). Hier ergeben sich verschiedene Möglichkeiten.

   In zahreichen Fällen steht heute dem Bundesrat ein positives Zustimmungsrecht, also ein absolutes Vetorecht zu. Vgl. die Fälle der Art. 79, 81, 84, 85, 105, 134, 135.

Im übrigen steht dem Bundesrat ein aufschiebendes Vetorecht zu. Dieses Recht ist zunächst in neuartiger Form wie folgt geltend zu machen. Der Bundesrat kann binnen zwei Wochen nach Erhalt des Bundestagsbeschlusses verlangen, daß ein aus Mitgliedern beider Körperschaften für die gemeinsame Beratung von Vorlagen gebildeter Ausschuß einberufen werde. Dieser sogenannte Vermittlungs- oder Koordinationsausschuß, in welchem auch die Mitglieder des Bundesrats nicht an Weisungen gebunden sind, beschließt über den Gesetzesinhalt im Sinne eines Vorschlages für beide Körperschaften, dessen Annahme oder Ablehnung diesen freisteht. Wurde sein früherer Beschluß vom Ausschuß geändert, so hat der Bundestag erneut Beschluß zu fassen (Art. 77 II).

Nach Abschluß dieses Verfahrens kann der Bundesrat gegen ein vom Bundestag abweichend vom Vermittlungsausschuß beschlossenes Gesetz binnen einer Woche Einspruch einlegen (Art. 77 III). Dieser Einspruch kann jedoch durch Beschluß der Mehrheit der Mitglieder des Bundestages zurückgewiesen werden. Hatte der Bundesrat aber den Einspruch mit Zweidrittelmehrheit beschlossen, so ist die Zurückweisung durch den Bundestag ebenfalls durch eine entsprechende größere Mehrheit bedingt. Näheres im Art. 77 IV.

3. Der Gesetzesbeschluß beinhaltet, soweit er abschließend gefaßt wird, zugleich den Gesetzesbefehl (Sanktion). Man wird diese Kompetenz heute neben dem Bundestag auch dem Bundesrat zuerkennen müssen.

   So jedenfalls dann, wenn dem Bundesrat bei Gesetzen ein positives Zustimmungsrecht gegeben ist, also bei den sogenannten Zustimmungsgesetzen.

4. Die Ausfertigung und Verkündung (nur) der verfassungsgemäß zustande gekommenen Bundesgesetze gebührt dem Bundespräsidenten. Die Ausfertigung erfolgt nach Gegenzeichnung, die Verkündung im Bundesgesetzblatt (Art. 82 I).

5. Das früher ungeschriebene, aber höchstgerichtlich bestätigte richterliche Prüfungsrecht ist heute grundgesetzlich anerkannt und geregelt (Art. 100). Es steht an sich jedem Gericht zu. Bei Zweifeln über die Verfassungswidrigkeit eines Gesetzes hat das Gericht das Verfahren auszusetzen und die Entscheidung des Verfassungsgerichts des Bundes bzw. des Landes einzuholen. (Ebenso ist bei Zweifeln über die Vereinbarkeit von Landesgesetzen mit dem GG. oder einem Bundesgesetz zu verfahren.)

b) Gesetzgebungsnotstand (Art. 81)

1. Tatbestand: Ablehnung eines vom Bundeskanzler beantragten Vertrauensvotums durch den Bundestag und Unterbleiben der Auflösung des Bundestags mangels Stellung oder zufolge Ablehnung eines dahin lautenden Antrages des Bundeskanzlers beim Bundespräsidenten. Sodann Ablehnung einer konkreten, von der Bundesregierung als dringlich bezeichneten Gesetzesvorlage durch den Bundestag. Oder: Ablehnung einer Gesetzesvorlage, mit welcher der Bundeskanzler die Forderung eines Vertrauensvotums verbunden hatte, ohne Stellung-

nahme des Bundestags zu dieser Forderung. Endlich: Bestehen der Bundesregierung auf Annahme der Vorlage.

2. Maßnahme: Der Bundespräsident erklärt auf Antrag der Bundesregierung mit Zustimmung des Bundesrats für die betroffene Gesetzesvorlage den „Gesetzgebungsnotstand".

3. Wirkung: Wird die Vorlage erneut abgelehnt oder für die Bundesregierung unannehmbar geändert oder binnen vier Wochen gar nicht verabschiedet, so kann der Bundesrat durch Zustimmung zur Vorlage das Gesetz zustande bringen. Er bestimmt in diesem Falle den Gesetzesinhalt und erteilt allein den Gesetzesbefehl. Nach solcher Erklärung des Gesetzgebungsnotstandes kann für die Dauer von sechs Monaten und, solange derselbe Kanzler amtiert, auch jede andere vom Bundestag abgelehnte Gesetzesvorlage in gleicher Weise verabschiedet werden.

c) Verfassungsänderungen (Art. 79)

1. Zulässigkeit. Gewisse Grundlagen des Verfassungslebens in der Bundesrepublik sind jeder legalen Änderung entzogen. Dazu gehören: Die Gliederung des Bundes in Länder (unbeschadet des Art. 29 und der Auflösung einzelner Länder), deren grundsätzliche Mitwirkung bei der Gesetzgebung, die Grundsätze über Menschenrechte (Art. 1) und demokratisches Prinzip (Art. 20), sowie die Substanz („Wesensgehalt") der Grundrechte. Jede legislative Beeinträchtigung dieser obersten Rechtswerte wäre verfassungswidrig und rechtsunwirksam.

2. Erschwerungen. Ein verfassungsänderndes Bundesgesetz bedarf der Zustimmung von $^2/_3$ aller Mitglieder des Bundestags und von $^2/_3$ der Stimmen des Bundesrats. Außerdem schreibt das Besatzungsstatut (V) die ausdrückliche Genehmigung der Besatzungsbehörden vor. Was die Form angeht, so kann das GG. nur durch ein Gesetz geändert werden, das den bestehenden Wortlaut des GG. ausdrücklich ändert oder ergänzt. Damit sind alle versteckten oder mittelbaren Verfassungsänderungen und vor allem die früher statthaften einmaligen „legalen" Verfassungsdurchbrechungen unzulässig. Auch kann kein verfassungsänderndes Gesetz im sogenannten Gesetzgebungsnotstand verabschiedet werden (Art. 81 IV).

II. Rechtsverordnungen

a) Grundlage muß stets ein Gesetz sein. Dieses muß Inhalt, Zweck und Ausmaß der Ermächtigung angeben. Ausnahmsweise kann die Ermächtigung weiter übertragen werden. Doch kann solches nur durch Gesetz bestimmt und nur durch Rechtsverordnung vorgenommen werden (Art. 80 I).

b) Träger des Bundesverordnungsrechts sind die Bundesregierung, die Bundesminister und die Landesregierungen. Der Bundesrat muß (soweit bundesgesetzlich nichts anderes bestimmt ist) zustimmen zu Rechtsverordnungen über Grundsätze und Gebühren für Benutzung von Eisenbahn und Post, über Bau und Betrieb der Eisenbahnen, sowie von Rechtsverordnungen auf Grund von Bundesgesetzen, denen der Bundesrat zustimmen mußte oder deren Ausführung den Ländern zugewiesen oder überlassen ist (Art. 80 II).

c) Die Rechtsverordnungen müssen ihre Ermächtigungsgrundlage angeben (Art. 80 I). Sie werden von der erlassenden Stelle ausgefertigt und regelmäßig im Bundesgesetzblatt verkündet; doch sind Ausnahmen grundgesetzlich zugelassen und im Bundesgesetz über die Verkündung von Rechtsverordnungen vom 30. Januar 1950 näher bezeichnet

d) Rechtsverordnungen mit Gesetzeskraft kennt das GG. nur noch ausnahms- und übergangsweise. Vgl. besonders Art. 119 (Flüchtlingsverordnungen), ferner Art. 127, 130, 132.

III. Rechtsvereinbarungen

Auch das GG. kennt vertragsförmliche Rechtsregelungen. Träger, Inhalt und Form entsprechen durchaus dem, was in jedem Bundesstaat üblich ist und bis 1933 auch in Deutschland Rechtens war. Vgl. Art. 59 II. Bei Vereinbarungen des Bundes, welche Sonderverhältnisse eines Landes berühren, muß das Land rechtzeitig gehört werden. Der Zustimmung der Bundesregierung bedürfen Landesvereinbarungen mit dem Auslande im Rahmen der Landeskompetenz (Art. 32). Vereinbarungen der Länder untereinander stehen ihnen von Bundes wegen frei. Eine darüber hinausgehende Sonderermächtigung des GG. betrifft die Neugliederung im südwestdeutschen Raum gemäß Art. 118.

B. Vollziehung

I. Regierung

Die Regierung des Bundes als Funktion, d. h. die oberste Leitung der Bundesrepublik, ist vom GG. hauptsächlich und rechtsvermutlich dem Bundesorgan „Bundesregierung“, in Einzelpunkten und stets nur kraft Sondertitels dem Bundesorgan „Bundespräsident“ zugeteilt worden. Ebenso sind die wenigen Regierungsfunktionen des Bundesrats durch Einzelvorschriften bestimmt und begrenzt. Die wichtigsten Aufgaben und Befugnisse der regierenden Bundestätigkeit, welche diese Regierungsorgane entfalten, sind bei deren organisatorischer Betrachtung oben mitvermerkt worden. Eine Wiederholung erübrigt sich deshalb und der Versuch einer erschöpfenden Aufzählung wäre überhaupt systematisch verfehlt.

II. Verwaltung

a) Bundesbehörden

Hier ist angesichts der ungenauen Ausdrucksweise des GG. zwischen einerseits bundeseigener und bundesfremder, anderseits bundesunmittelbarer und bundesmittelbarer Verwaltung zu unterscheiden.

1. Bundeseigene Verwaltung findet nur auf den Gebieten statt, die das GG. ausdrücklich einzeln vermerkt. Den Gegensatz dazu bildet die (bundesfremde) Länderverwaltung. Nach dem GG. (Art. 87) werden in bundeseigener Verwaltung mit eigenem Verwaltungsunterbau geführt: Der Auswärtige Dienst, die Bundesfinanzverwaltung, die Bundeseisenbahnen, die Bundespost, sowie — mit gewissen Konzessionen

zugunsten der Länder — die Verwaltung der Bundeswasserstraßen und der Schiffahrt (Art. 89). Die Verwaltung der dem Bunde gehörenden Bundesautobahnen und Bundesstraßen kann von den Ländern auf den Bund übernommen werden. Durch Bundesgesetz können ferner Bundesgrenzschutzbehörden, Zentralstellen für das polizeiliche Auskunfts- und Nachrichtenwesen, zur Sammlung von Unterlagen für Zwecke des Verfassungsschutzes (vgl. auch unten zu 3) und für die Kriminalpolizei eingerichtet werden. Im übrigen besteht keine administrative Bundeskompetenz auf polizeilichem Gebiet und überhaupt keine Kompetenz auf militärischem Gebiet.

2. Die bundeseigene Verwaltung kann entweder bundesunmittelbar durch einen dem Bunde gehörigen Verwaltungsapparat oder bundesmittelbar ohne Beteiligung der Länder durch dem Bund eingegliederte Körperschaften oder Anstalten des öffentlichen Rechtes geführt werden. Als solche Selbstverwaltungskörper im Bunde vermerkt das GG. diejenigen sozialen Versicherungsträger, deren Zuständigkeitsbereich über das Gebiet eines Landes hinausreicht. Doch können auch auf anderen bundeseigenen Verwaltungsgebieten Selbstverwaltungskörper zur Führung mittelbarer Bundesverwaltung in der Rechtsform von öffentlichen Körperschaften oder öffentlichen Anstalten geschaffen werden. Beispiele: Bundesbahn, Bundesbank (Art. 88).

3. Bundesoberbehörden

Für Angelegenheiten, bei denen dem Bunde nur die Gesetzgebung (nicht auch die Verwaltung) zusteht, können gleichwohl selbständige Bundesoberbehörden und neue bundeseigene Körperschaften und Anstalten des öffentlichen Rechts durch Bundesgesetz errichtet werden. Beispiel: Bundesamt für Verfassungsschutz gemäß BG. vom 27. Sept. 1950. Es können sogar, wenn dem Bunde auf Gebieten seiner Gesetzgebungskompetenz neue Aufgaben erwachsen sollten, zu deren Erfüllung bundeseigene Mittel- und Unterbehörden errichtet werden. Solches kann jedoch nur bei dringendem Bedarf und nur nach Zustimmung des Bundesrats und der Mehrheit des Bundestages geschehen (Art. 87 III).

4. Bundesfinanzbehörden (Art. 108)

Eigene Bundesfinanzbehörden verwalten Zölle, Finanzmonopole, gewisse Verbrauchsteuern, Beförderungsteuer, Umsatzsteuer und einmalige Vermögensabgaben. Doch besteht bei letzteren sowie für den Fall, daß der Bund einen Teil der Einkommen- und Körperschaftsteuer für sich beansprucht, bei diesen die Möglichkeit der Übertragung der Verwaltung an die Landesfinanzbehörden. Diese verwalten die übrigen Steuern selbständig, empfangen dabei aber möglicherweise eine bundesrechtliche Regelung.

b) Bundesbeamte

1. Beamte im allgemeinen

Bei den obersten Bundesbehörden müssen Beamte aus allen Ländern in angemessenem Verhältnis verwendet werden. Die bei den übrigen,

d. h. nachgeordneten Bundesbehörden beschäftigten Beamten, Behördenangestellten und Arbeiter sollen in der Regel aus dem Lande genommen werden, in dem sie tätig sind: Heimatprinzip, GG. Art. 36. Das Recht des öffentlichen Dienstes in Bund und Ländern ist unter Berücksichtigung der hergebrachten Grundsätze des Berufsbeamtentums zu regeln (Art. 33 V). Den Berufsbeamten kennzeichnen die fachliche Vorbildung, die grundsätzlich lebenslängliche Anstellung, der lebensberufliche öffentliche Dienst, die wechselseitige Treupflicht, der Schutz der wohlerworbenen Rechte, insbesondere die Geltendmachung der vermögensrechtlichen Ansprüche vor den Zivilgerichten. Auf dieser Grundlage sind die Einzelheiten in den Beamtengesetzen zu regeln. Die Rechtsverhältnisse der im Dienst des Bundes stehenden Personen bestimmt das vorläufige Bundespersonalgesetz vom 17. Mai 1950 im Anschluß an das Deutsche Beamtengesetz vom 26. Januar 1937. Die endgültige gesetzliche Ordnung des Bundespersonalrechts steht bevor. Die Amtshaftung ist im GG. selbst (Art. 34) neu geregelt. Wenn jemand in Ausübung eines ihm anvertrauten öffentlichen Amtes die ihm einem Dritten gegenüber obliegende Amtspflicht verletzt, trifft die Verantwortlichkeit grundsätzlich den Staat oder die Körperschaft, in deren Dienst er steht. Bei Vorsatz oder grober Fahrlässigkeit bleibt der Rückgriff gegen den Amtsträger vorbehalten. Für den Anspruch auf Schadensersatz und für den Rückgriff darf der ordentliche Rechtsweg nicht ausgeschlossen werden.

2. Richter im besonderen

Das GG. normiert ein Sonderrecht für den Richterstand im Bunde mit gewisser Auswirkung auf die Länder.

Alle Richter sind unabhängig und nur dem Gesetz unterworfen. Die hauptamtlich und planmäßig endgültig angestellten Richter können wider ihren Willen nur kraft richterlicher Entscheidung und nur aus Gründen und unter den Formen, welche die Gesetze bestimmen, vorzeitig entlassen oder amtsenthoben oder versetzt werden. Die Gesetzgebung kann Altersgrenzen festsetzen, bei deren Erreichung auf Lebenszeit angestellte Richter in den Ruhestand treten. Bei Veränderung der Einrichtung der Gerichte oder ihrer Bezirke können Richter unbeschadet des vollen Gehalts versetzt oder aus dem Amte entfernt werden.

Die Rechtsstellung der Bundesrichter ist durch besonderes Bundesgesetz zu regeln. Wenn ein Bundesrichter im Amte oder außerhalb des Amtes gegen die Grundsätze des Grundgesetzes oder gegen die verfassungsmäßige Ordnung eines Landes verstößt, kann das Bundesverfassungsgericht mit Zweidrittelmehrheit auf Antrag des Bundestages anordnen, daß der Richter in ein anderes Amt oder in den Ruhestand zu versetzen ist. Im Falle eines vorsätzlichen Verstoßes kann auf Entlassung erkannt werden. Die Länder können entsprechende Regelung treffen. Doch entscheidet auch hier das Bundesverfassungsgericht.

C. Rechtspflege

I. Oberste Grundsätze

Wie die meisten Verfassungen, so enthält auch das GG. prinzipielle Vorschriften über die Ausübung der Rechtspflege in Bund und Ländern. Die Sondervorschriften über den Richterstand wurden bereits erwähnt. Den Richtern ist die rechtsprechende Gewalt „anvertraut“ (Art. 92). Seinem „gesetzlichen Richter“ darf niemand entzogen werden. Deshalb sind alle „Ausnahmegerichte“, wie sie z. B. das Dritte Reich unter der irreführenden Bezeichnung als Sondergerichte kannte, verboten. Unbedenklich sind hingegen Gerichte für besondere Sachgebiete wie z. B. Arbeitsgerichte; doch können solche legalen Sondergerichte nur durch das Gesetz, nicht durch die Justizverwaltung, errichtet werden (Art. 101). Von den übrigen grundsätzlichen Bestimmungen des GG. zur Rechtspflege verdienen noch herausgestellt zu werden der Rechtsanspruch jedermanns auf „rechtliches Gehör“ durch das Gericht, das Verbot der Rückwirkung von Strafgesetzen, das Verbot der Doppelbestrafung (Art. 103), die Abschaffung der Todesstrafe (Art. 102), die Erneuerung des alten „Habeas Corpus“-Prinzips nach näherer Maßgabe des Art. 104.

II. Bundeseigene Gerichte

Als solche vermerkt das GG. das Bundesverfassungsgericht (BVG.), das Oberste Bundesgericht, weitere obere Bundesgerichte.

a) Das Bundesverfassungsgericht ist der Staatsgerichtshof der Bundesrepublik mit gegenüber der Reichsrepublik stark erweiterter Zuständigkeit.

1. Bestand (Art. 94)

Das BVG. besteht aus Bundesrichtern und anderen Mitgliedern. Sämtliche Mitglieder sind zwar Wahlrichter, bekleiden aber ein Richteramt. Sie werden zur Hälfte vom Bundestag, zur Hälfte vom Bundesrat gewählt. Sie dürfen weder einer dieser beiden Körperschaften noch entsprechenden Organen eines Landes angehören. Die weiteren Vorschriften über Verfassung und Verfahren des BVG. sowie über die Wirkung seiner Entscheidung (ob Rechtskraft für die Parteien oder verbindliche Kraft für die Gerichte oder Gesetzeskraft für alle) enthält das ausführende Bundesgesetz über das BVG. vom 12. März 1951.

2. Zuständigkeit (Art. 93).

Das BVG. entscheidet:

1. über die Auslegung des GG. aus Anlaß von Streitigkeiten über den Umfang der Aufgaben und Befugnisse eines obersten Bundesorgans oder anderer Beteiligter, soweit sie durch das GG. oder eine Geschäftsordnung mit eigenen Rechten ausgestattet sind;
2. bei Meinungsverschiedenheiten oder Zweifeln über die förmliche und sachliche Vereinbarkeit von Bundesrecht oder Landesrecht mit dem GG. oder über die Vereinbarkeit von Landesrecht mit sonstigem Bundesrecht auf Antrag der Bundesregierung, einer Landesregierung oder eines Drittels der Mitglieder des Bundestages;

3. bei Meinungsverschiedenheiten über Rechte und Pflichten des Bundes und der Länder, insbesondere bei Ausführung von Bundesrecht durch die Länder und bei Ausübung der Bundesaufsicht;
4. in anderen öffentlich-rechtlichen Streitigkeiten zwischen dem Bunde und den Ländern, zwischen verschiedenen Ländern oder innerhalb eines Landes, soweit dafür nicht ein anderer Rechtsweg gegeben ist;
5. in den übrigen im GG. vorgesehenen Fällen. nämlich der Art. 18, 21, 41, 61, 84, 98, 99, 100, 126.

Darüber hinaus können dem BVG. durch Bundesgesetz weitere Streitfälle zur richterlichen Entscheidung zugewiesen werden.

Das Oberste Bundesgericht (Art. 95) dient der Wahrung der Bundesrechtseinheit und entscheidet füglich in Fällen, deren Entscheidung für die Einheitlichkeit der Rechtsprechung der oberen Bundesgerichte von grundsätzlicher Bedeutung ist. Seine Bundesrichter werden vom Bundesjustizminister gemeinsam mit einem Richterwahlausschuß berufen; dieser besteht aus den Landesjustizministern und gleichvielen vom Bundestag zu wählenden Mitgliedern.

c) Obere Bundesgerichte (Art. 96) sind für das Gebiet der ordentlichen (d. h. Zivil- und Straf-), der Verwaltungs-, der Finanz-, der Arbeits- und Sozial-Gerichtsbarkeit zu errichten. Die Richter werden ähnlich wie zu b) berufen, doch treten im Wahlausschuß an Stelle der Justizminister die fachlich jeweils zuständigen Minister. Obere Bundesgerichte sind der Bundesgerichtshof in Karlsruhe (für Zivil- und Strafsachen) und der Oberfinanzhof in München, dieser in Nachfolge des früheren Reichsfinanzhofs.

d) Bundesdienststrafgerichte kann der Bund für Disziplinarverfahren gegen Bundesbeamte und Bundesrichter begründen (Art. 96 III).

Wirtschaftsrecht

Zivilprozeßrecht von Prof. Dr. de Boor . . . . Preis DM 4,90

Aus dem Inhalt: Verlauf eines streitigen Verfahrens — Klage — Verteidigung des Beklagten — Beweis, Zeugen, Sachverständige — Versäumnisurteil — Vergleich — Rechtsmittel — Aufgebots- und Schiedsverfahren — Kosten und Armenrecht.
Sonderdruck aus „Die Handelshochschule — Die Wirtschaftshochschule".

Konkurs-, Zwangsversteigerungs- und Vergleichsrecht
von Amtsgerichtsrat Dr. Rudolf Steup . . . . Preis DM 2,80

Umfassende Darstellung des Geschäftsganges und der Rechtsverhältnisse bei Zahlungseinstellungen. Anfechtung, Aus- und Absonderungsrecht, Masseansprüche, Ablauf des Konkursverfahrens, Zwangsversteigerung und Zwangsverwaltung, die Rechtsstellung der Gläubiger im Vergleichsverfahren usw., das Vertragshilfegesetz.

Zwangsvollstreckung, Konkurs und Vergleich
von Prof. de Boor . . . . Preis DM 5,70

Mobiliarzwangsvollstreckung, Immobiliarzwangsvollstreckung — Konkurs und Vergleich — Vergleichsverfahren zur Abwendung des Konkurses.
Sonderdruck aus „Die Handelshochschule — Die Wirtschaftshochschule".

Vertragsrecht
von Dr. Karl Mugele, Rechtsanwalt und Notar . . . . . Preis DM 2,50

Die im allgemeinen Teil des bürgerlichen Gesetzbuches niedergelegten Grundbegriffe werden soweit erläutert, als es zum Verständnis der Fragen des Schuldrechts erforderlich ist. Natürliche oder juristische Personen als Gläubiger und Schuldner und die Rechtsbeziehungen der Vertragschließenden werden erschöpfend behandelt.

Von der Mahnung bis zur Zwangsvollstreckung
von Dr. Karl Mugele, Rechtsanwalt und Notar . . . . . Preis DM 2,80

Das Verfahren der Geltendmachung und Durchsetzung von Ansprüchen, die sich aus den Schuldverhältnissen ergeben. Einige Stichworte aus dem Inhaltsverzeichnis: Zwangsverzug, das gerichtliche Mahnverfahren, der Zahlungs- und Vollstreckungsbefehl.

Wechsel- und Scheckrecht von Dr. R. Sellien . . . . Preis DM 2,80

Auch das Wechselsteuerrecht, der Wechselprotest und die Wechselklage sind eingehend und verständlich dargestellt.

Die Kündigung im Arbeitsrecht
von Arbeitsgerichtsdirektor Dr. Schlicke . . . . Preis DM 3,40

Die Preisauszeichnungspflicht
von Oberregierungsrat H. H. Bormann . . . . Preis DM 1,30

Verordnung und Erläuterungen für Einzelhandel, Handwerk, Gaststättengewerbe usw.

Lexikon für Hausbesitzer und Mieter von Dir. W. Böcker Preis DM 2,80

Ein Nachschlagewerk in alphabetischer Anordnung mit vielen Ratschlägen und Empfehlungen für alle Personen, die sich mit Mietfragen, Haus- und Vermögensverwaltungen, Hypothekenbearbeitungen usw. zu befassen haben.

Handelsgesetzbuch, Originaltext
mit Schlagwortverzeichnis und redaktionellen Hervorhebungen DM 2,40

Rechtsunterricht fürs praktische Leben
von Dr. jur. Walther Wolfslast (16 Lehrbriefe) Preis je Heft DM 1,60

Aktuelle Gesetze in Loseblatt-Form Vierteljahres-Bezugspreis DM 2,50

Steuerrecht — Handels- und Wirtschaftsrecht — Bürgerliches Recht — Arbeits- und Sozialrecht — Staats- und Verwaltungsrecht — Gerichtsbarkeit und Verfahren — Sonderrechtsgebiete.
Monatliche Lieferungen etwa 32 Seiten. Die Rechtsgebiete werden in wechselnder Folge behandelt. Änderungen gelieferter Gesetzestexte werden berücksichtigt.

Betriebswirtschaftlicher Verlag Dr. Th. Gabler, Wiesbaden, Fach 11

Bitte, bei Vorauszahlung Porto mitüberweisen! Postscheckkonto Frankfurt a. M. 91 721

GPSR Compliance
The European Union's (EU) General Product Safety Regulation (GPSR) is a set of rules that requires consumer products to be safe and our obligations to ensure this.

If you have any concerns about our products, you can contact us on

ProductSafety@springernature.com

In case Publisher is established outside the EU, the EU authorized representative is:

Springer Nature Customer Service Center GmbH
Europaplatz 3
69115 Heidelberg, Germany

www.ingramcontent.com/pod-product-compliance
Ingram Content Group UK Ltd.
Pitfield, Milton Keynes, MK11 3LW, UK
UKHW021501031026
15588UKWH00002B/949
9783663126799